Sebastian Klussmann ist kein Gedächtniskünstler und hat kein fotografisches Gedächtnis. Er lernt auch nicht nach einer einzigen Methode, sein Ansatz ist viel umfassender, und er ist damit sehr erfolgreich. In *Besserwissen mit dem Besserwisser* lüftet er erstmals sein Erfolgsgeheimnis. Er zeigt auf, wie wir alle im Alltag ohne viel Aufwand unser Wissen steigern können, wie sich über Wissensumwege neue Themen erschließen lassen und welche Bücher, Podcasts oder YouTube-Kanäle man unbedingt kennen sollte. Gerade in Zeiten von Google und Wikipedia sollte man sein Hirn nicht in die Cloud auslagern, findet der »Besserwisser« aus »Gefragt – Gejagt«. Denn je mehr Wissen wir haben, desto differenzierter können wir auch die Welt wahrnehmen. Ein kluges Buch mit vielen Tipps zur besseren Allgemeinbildung.

SEBASTIAN KLUSSMANN, Jahrgang 1989, ist amtierender Europa-, Deutscher und Berliner Quizmeister. Vor einem Millionenpublikum tritt er regelmäßig als einer der »Jäger« der erfolgreichen ARD-Quizshow »Gefragt – Gejagt« gegen ein Kandidatenteam an. Er arbeitet als Redner, Moderator und Autor zu den Themen Bildung, Allgemeinwissen und Gedächtnis und ist der Gründungsvorsitzende des Deutschen Quizvereins. Klussmann spricht sechs Sprachen, darunter Chinesisch und Japanisch.

SEBASTIAN KLUSSMANN

BESSERWISSEN MIT DEM BESSER-WISSER

So trainieren Sie Ihre Allgemeinbildung

Ullstein

Besuchen Sie uns im Internet:
www.ullstein.de

Originalausgabe im Ullstein Taschenbuch
1. Auflage September 2020
2. Auflage 2020
© Ullstein Buchverlage GmbH, Berlin 2020
Umschlaggestaltung: zero-media.net, München
Titelabbildung: t-online.de / Axel Krüger
Satz: LVD GmbH, Berlin
Gesetzt aus der Aldus Nova Pro
Druck und Bindearbeiten: CPI books GmbH, Leck
ISBN 978-3-548-06384-3

Für meine Mutter

Inhalt

Vorwort

Wenn Sie mich auf dem Cover erkannt haben, dann kennen Sie mich sehr wahrscheinlich aus der ARD-Quizshow »Gefragt – Gejagt«. Ich trete dort als »Besserwisser« gegen vier Kandidat*innen im Wissensduell an. Für alle, die die Show nicht kennen: Mein Job ist es, so viel wie möglich zu wissen und die Kandidat*innen durch den Wissensvorsprung zu besiegen.

Was genau muss ich wissen? Im Prinzip alles! Solange es zumindest halbwegs relevant ist und im weitesten Sinne zum Allgemeinwissen gezählt werden kann. Ich bin sozusagen *Quiz-Profi*, übe einen Beruf aus, den es vor zehn Jahren noch nicht gab. In gewisser Weise bestimmt das Quizzen fast mein ganzes Leben. Ich habe den Deutschen Quiz-Verein e. V., den »DFB des Quizzens«, gegründet, trete bei nationalen und internationalen Turnieren wie der Quiz-WM, -EM und -DM an (ja, so etwas gibt es wirklich!), referiere als Speaker bei Unternehmen, Verbänden und Bildungseinrichtungen und schreibe und beantworte ständig Wissensfragen.

Auch in diesem Buch möchte ich Antworten geben. Unter anderem auf folgende Fragen: Warum ist eine breite Allgemeinbildung auch im Zeitalter von Google von großer Bedeutung? Wie lernt man am besten und hat dabei auch noch Spaß? Wie kann man im Alltag mit spielerischen Tricks einfach sein Wissen erweitern? Wie kann man lernen, sich für verschiedene Themengebiete zu begeistern? Welche Wissensquellen zapfe ich am besten an?

Eines vorab: Es gibt keine Methode, die Ihr Allgemeinwissen sprunghaft ansteigen lässt, auch keine kurze Klussmann-Methode. Bildung und Wissen vermehrt man am besten auf vielfältige Weise, denn Lernen muss abwechslungsreich sein. Eine goldene Regel gibt es jedoch: Haben Sie Spaß bei der Wissenserweiterung! Das Buch soll dafür die nötigen Impulse geben. Ich bin fest davon überzeugt, dass mein umfangreiches Allgemeinwissen nicht darauf beruht, dass ich von Natur aus über ein besseres Gedächtnis verfüge. Nein, Leidenschaft und genuines Interesse führen dazu, dass ich mich für die unterschiedlichsten Themengebiete begeistern kann und so ständig neue Dinge aufschnappe. Und darüber hinaus sammle ich – wie im Trüffelschweinmodus – Fakten. Das ist übrigens eine Herangehensweise, die sich jeder bewusst aneignen kann.

Dieses Buch soll Ihren Blick gleichzeitig weiten und schärfen. Mit vielen praktischen Hinweisen und Beispielen möchte ich Ihnen näherbringen, wie Sie etwas lernen können, ohne dass es sich wie Lernen anfühlt. Auch für mich war das Entstehen dieses Buches ein spannender Lernprozess, denn viele Dinge, die ich anders mache, wurden mir beim Schreiben erst richtig bewusst.

Ein wichtiges Anliegen ist es mir auch, aufzuzeigen, dass eine breite Allgemeinbildung nicht nur für die eigene Entwicklung von großer Bedeutung ist, sondern auch einen großen gesellschaftlichen Mehrwert hat, mehr noch, für ein demokratisches Staatswesen unerlässlich ist. Wer sich ausschließlich in Filterblasen aufhält, gefährdet auch den Zusammenhalt einer Gesellschaft. Eine gute Allgemeinbildung ist nicht nur ein intrinsisches Ideal, sondern hat, so gesehen, auch eine ganz praktische Bedeutung. Insbesondere im Zeitalter von Google, in dem fast jede Information nur ein paar Klicks entfernt ist, sollten wir unser Hirn nicht in die Cloud auslagern.

Besserwissen mit dem Besserwisser ist kein wissenschaftliches Werk, es soll unterhalten. Dennoch werden meine persönlichen Lernerfahrungen zum größten Teil von wissenschaftlichen Studien gestützt. Ich freue mich zudem, viele meiner liebsten Wissensquellen hier offenzulegen, und hoffe, dass Sie sie auch nutzen werden.

Und da das Buch eines Quizzers nicht ohne Quizfragen auskommen sollte, sind hier über hundert Quizfragen als Fußnoten verstreut. Im Antwortkapitel ganz am Ende gibt es dann auch viele interessante Fakten zu entdecken.

Ich danke allen, von denen ich bisher lernen durfte, insbesondere die Dinge, die weit über Fakten hinausgehen.

Herzlichen Dank auch dem Ullstein Verlag, der mir die Möglichkeit gegeben hat, mein Wissen weiterzugeben, und insbesondere meiner Lektorin Bettina Eltner für ihre Geduld und Unterstützung.

Im Sommer 2020   *Sebastian Klussmann*

ALLGEMEIN-
WISSEN
IM ZEITALTER
VON GOOGLE

1

Was ist Allgemeinwissen?

Mein Leben dreht sich zu einem großen Teil um die Frage »Was gehört zum Allgemeinwissen?«, schließlich beantworte ich Quizfragen in TV-Shows, entwickle solche Fragen oder halte Vorträge zu dem Thema. Dennoch muss ich gestehen: Eine abschließende Antwort habe ich nicht. Es kann sie auch nicht geben. Allgemeinwissen ist immer zeit- und ortsgebunden. Ihre Eltern werden unter Allgemeinwissen etwas anderes verstehen als Ihre Kinder. Für die Ersteren mögen die Filme Alfred Hitchcocks und das literarische Werk Heinrich Bölls zur kulturellen Grundausstattung zählen. Letztere würden eher die Comic-Verfilmungen aus dem Marvel-Universum und den professionellen E-Sport als solches werten.

Grob kann man zwischen normativem und empirischem Wissen unterscheiden. Normatives Wissen ist das, was ge- und erwünscht ist, empirisches Wissen ist das, worüber wir verfügen. Wer einen Wunsch-Zustand definiert, der geht von einem Ist-Zustand aus. Die Vorstellungen von Allgemeinwissen sind also normativ geprägt, denn es wird ein wünschenswerter Bildungskanon aufgestellt: Das sollst und musst du wissen! Natürlich ist eine solche Auffassung immer auch subjektiv. Dennoch beanspruchen viele für sich, wertend das Wissen hinsichtlich der Wünschbarkeit und der Notwendigkeit zu ordnen – insbesondere das klassische Bildungsbürgertum. Dominiert wird dies dann von Themen wie Kunst, Geografie, Geschichte, Literatur und Naturwissenschaften, also im weitesten Sinne Themen, die klassisch der Hochkultur zugerechnet werden. Musik wird angeführt von klassischer Musik, im Fokus stehen die Werke Beethovens und Bachs, ausgeschlossen werden Britney Spears und Beyoncé, eventuell rutschen noch die Beatles als Vertreter populärer Musik rein, ein bisschen moderne Musik braucht es ja, auch wenn sie schon vor über einem halben Jahrhundert modern war, aber ein Justin Bieber taucht hier sicherlich nicht auf.

Bei meinen Vorträgen stoße ich immer wieder auf verdutzte Blicke, bisweilen sogar auf sichtbar pulsierende Halsschlagadern, wenn ich behaupte, dass die RTL-Show »Ich bin ein Star – Holt mich hier raus!« eindeutig zum Allgemeinwissen gehört. Wie könne es nur sein, dass ein nachweislich hochgebildeter Mensch diese TV-Sendung dazurechne, in der sich ein Dutzend C-Promis im australischen Dschungel angafft und Schweinehoden und Schafsaugen verschlingt. Ganz einfach: Bis zu sieben Millionen Menschen sitzen gebannt am Bildschirm und verfolgen über mehrere Tage hinweg den Wettstreit um die Krone des Dschungelkönigs. Das sind herausragende Marktanteile von 30 bis 40 Prozent der werberelevanten Gruppen. Eines der wenigen Formate, dem es abseits von Fußballspielen und der Tagesschau gelingt, den Unterhaltungskonsum eines gewichtigen Teils der Gesellschaft zu synchronisieren. Wenn solche Ereignisse nicht zum Allgemeinwissen zählen, dann gibt es kaum mehr etwas, das wir so nennen können, auch wenn Bildungs-bürger*innen hier wieder den »Untergang der abendlän-dischen Hochkultur« beklagen möchten.

Der Teil der Bevölkerung, der den Schlager-Hit »Atemlos durch die Nacht« von Helene Fischer[1], ganz unabhängig vom Alkoholpegel, textsicher mitsingen kann, wird sehr wahrscheinlich größer sein als der, der Ludwig van Beethovens[2] 5. Sinfonie erkennt. Mehr Men-schen werden den Partner von Heidi Klum[3] benennen können als den dritten Bundeskanzler der Bundesrepub-lik[4] und mehr den Torschützenkönig der Fußball-Bun-desliga[5] als den letzten deutschsprachigen Literaturno-belpreisträger.[6] Aber Hand aufs Herz: Können Sie die aktuellen Bundesministerinnen für Justiz, Umwelt oder

1 Mit welchem Showmaster und Schlagersänger war Helene Fischer zehn Jahre liiert? Auch nach der Trennung trägt dieser das Konterfei der Sängerin als Tattoo auf seinem Oberarm.

2 Der Text des Finalsatzes von Beethovens 9. und letzter Sin-fonie geht auf das Gedicht »An die Freude« welches deutschen Schriftstellers zurück?

3 Heidi Klum hieß zwischen 2009 und 2012 offiziell Heide Sa-muel, da sie den Nachnamen ihres damaligen Ehepartners ange-nommen hatte. Unter welchem Namen ist der britische Sänger bekannt, mit dem sie drei gemeinsame Kinder hat?

4 Kurt Georg Kiesinger war vor seiner Kanzlerschaft von 1958 bis 1966 Ministerpräsident welches deutschen Bundes-landes?

5 Die ersten beiden ausländischen Torschützenkönige, der Norweger Jørn Andersen und der Ghanaer Anthony Yeboah, liefen für welchen Traditionsklub auf? Auch Alex Meier schoss sich im Trikot dieses Vereins zur Torjägerkanone.

6 Das Gedicht »Lied vom Kindsein« von Peter Handke ist ein

Bildung benennen? Falls nein: Sie sind nicht alleine, sehr wahrscheinlich sogar Teil einer deutlichen Mehrheit.

In einer von der RTL-Gruppe in Auftrag gegebenen repräsentativen Umfrage des führenden Meinungsforschungsinstituts forsa Anfang des Jahres 2018, etwa zwei Wochen nach der Regierungsbildung, waren zumindest die allermeisten der befragten Bürger*innen überfordert. Lediglich ein Prozent konnte die CDU-Politikerin Anja Karliczek aktiv als Ressortleiterin angeben. Nun mag man einwenden, dass es auch einige Zeit braucht, bis eine eher kaum bekannte Berufspolitikerin von der Bevölkerung in ihrem neuen Amt wahrgenommen wird. Aber auch Entwicklungsminister Gerd Müller von der CSU, der bereits im vorangegangenen Kabinett Merkel das Ressort leitete, kannten lediglich zwei Prozent. Am besten schnitten Innenminister Horst Seehofer sowie Finanzminister Olaf Scholz mit 42 respektive 36 Prozent ab, beide immerhin auch seit vielen Jahren in verschiedenen Ämtern im Blickfeld der Öffentlichkeit, u. a. auch als ehemalige Landesväter. Dennoch konnten 42 Prozent der befragten Wahlberechtigten keine/n einzige/n Minister*in und das dazugehörige Ressort nennen. Unter den 18- bis 29-Jährigen war es mit 62 Prozent sogar die deutliche Mehrheit.

In einer vom Printmagazin *Stern* in Auftrag gegebenen repräsentativen Umfrage im Vorfeld der Bundestagswahl 2017 ermittelte ebenfalls forsa, dass 49 Pro-

---

Leitmotiv welchen Films von Wim Wenders mit Bruno Ganz aus den Achtzigerjahren?

zent der Befragten keine/n einzige/n FDP-Politiker*in benennen konnte. Bei aller Häme, die die gelbe Traditionspartei in den letzten Jahren getroffen hat, ist dies doch ein durchaus erstaunlicher Wert. Insbesondere zu Wahlkampfzeiten sind wir schließlich auf den Straßen umzingelt von Politiker*innen, die auf Plakaten um unsere Stimme buhlen und in den Medien omnipräsent sind – ob in Talkshows, Rede-Duellen oder als Zielscheibe von Satireshows.

Im Gegensatz dazu genießen Stars aus Sport und Unterhaltung in der Bevölkerung eine deutlich größere Prominenz. So kam der ehemalige Fußballnationalspieler des FC Bayern München, Thomas Müller, im Juni 2018 auf eine visuelle und namentliche Bekanntheit von 88 Prozent, das heißt, dass fast jede*r neunte Befragte angab, das Bayern-Urgestein dem Aussehen und dem Namen nach zu kennen. Natürlich sind diese Daten mit den Erhebungen zu den Politiker*innen nur bedingt zu vergleichen. Es ist jedoch schwer vorstellbar, dass neun von zehn Menschen in Deutschland Außenminister Heiko Maas erkennen würden. Womöglich würde der saarländische Spitzenpolitiker das eine oder andere Bekanntheitsduell gegen einen Spitzenkicker dann doch gewinnen, denn kaum jemand wird so gut erkannt wie der sympathische Münchner Stürmer. Den sechsfachen Weltfußballer des Jahres, Lionel Messi, erkennen nur 55 Prozent der Deutschen auf einem Bild, immerhin 83 Prozent ist der argentinische Ausnahmespieler zumindest ein Begriff. Der zwei Mal zu Afrikas Fußballer des Jahres gekürte ägyptische Nationalspieler

Mohamed Salah kommt da nur auf 40 Prozent. Sein Trainer beim FC Liverpool hingegen ist 91 Prozent der Befragten visuell und namentlich bekannt, kein Wunder, dass man Jürgen Klopp auch als Werbebotschafter und nicht nur auf dem Spielfeldrand erlebt.

Wenn die Bekanntheitswerte einer Tatjana Gsell (50 Prozent) und einer Natascha Ochsenknecht (62 Prozent) höher ausfallen als die von wichtigen politischen Entscheidungsträger*innen, dann mag man das bedauern, leugnen sollte man es nicht. Auch das gehört zum Allgemeinwissen, ob es ins gewünschte Weltbild passt oder nicht.

Allgemeinwissen kann im empirischen Sinne als die Schnittmenge des Wissens einer Gesellschaft verstanden werden. Wenn allerdings die Wissenswelten immer weiter auseinanderdriften, dann wird es schwierig, eine solche repräsentative Schnittmenge zu finden. Man könnte also einen anderen Wert zugrunde legen, beispielsweise sagen, wenn ein bestimmter Fakt 10 Prozent der Bevölkerung bekannt ist, dann zählt dieser zum Allgemeinwissen. Eine solche Definition ließe dann die Inklusion ganz unterschiedlicher Perspektiven und Lebenswelten zu.

Leider ist mir keine repräsentative Untersuchung dazu bekannt. Es wäre doch interessant zu erfahren, inwiefern unsere persönlichen Vorstellungen von dem, was andere wissen, abweichen und wie viel von diesem gesellschaftlich verbreiteten Wissen wir teilen. Große Subkulturen, die nur eine geringe Rezeption im Mainstream finden, zählten dann dazu, obwohl mehr als die

Hälfte der Menschen nichts damit anfangen könnte; beispielsweise die riesige Szene des E-Sports und der Videospiele, die millionenfach geklickt werden und deren Wettkämpfe Fußballarenen füllen. Oder Musik-Genres wie Deutschrap, deren treue Fans die Songs regelmäßig auf die Spitze der Charts hieven, ohne dass die Hits auf den meisten Radiostationen laufen. Otto Normalverbraucher hält die Künstler Fero47, Ufo361 und Apache207 für Kaffeemaschinenmodelle und Mero, Eno und Nimo für eine fremdsprachige Version von Tick, Trick und Track. Oder erkennen Sie die Verbindung zwischen den Begriffen Hefe, Ludwig und Valencia? Bei der Quiz-Olympiade 2016 war ich jedenfalls noch ahnungslos, dass es allesamt Bilderfilter der audiovisuellen Plattform Instagram sind, die zumindest 2019 in Deutschland laut eigener Aussage 27 Prozent der 14- bis 59-jährigen Befragten nutzen.

Die Wissensvermittlung in Schulen und Universitäten geschieht natürlich nach gewissen normativen Leitlinien. Dazu muss festgelegt werden, welches Wissen in welchem Detail vermittelt werden soll. Solche Lehrpläne wiederum sind einem stetigen Wandel unterworfen. Die Inhalte in naturwissenschaftlichen Fächern beispielsweise müssen neueren Forschungsergebnissen angepasst, oder in Politikkursen sollte auf aktuell relevante Debatten Bezug genommen werden. Ältere, schwer zugängliche und der heutigen Lebenswelt entrückte Werke, die noch bei früheren Generationen zur Pflichtlektüre zählten, müssen durch modernere Texte ersetzt werden, und selbst im Mathematikunterricht werden zumindest die Textaufgaben aktualisiert. Aufgrund der begrenzten Zeit und Ressourcen müssen deshalb oftmals schwierige Entscheidungen getroffen werden: Wie viel Raum gibt man im Geschichtsunterricht außereuropäischer Geschichte? Fragen Sie sich einmal selbst, was Sie über Afrika, Südamerika und Asien gelernt haben, Wissen, das über Christopher Kolumbus und das Alte Ägypten hinausgeht? Meist waren die kurzen Unterrichtseinheiten dann auch noch eurozentrisch ausgerichtet, etwa, indem die Geschichte Südamerikas erzählt wurde durch den Blickwinkel der Eroberung spanischer Konquistadoren im 16. Jahrhundert und das Alte Ägypten anhand der in Berlin befindlichen Büste der Nofretete, der Beziehung Kleopatras[7] zu Gaius Julius Caesar und Marcus Antonius und der Entdeckung des Grabes von Tutanchamun durch Howard Carter im Jahre 1922.

Die Zusammenstellung der Unterrichtseinheiten unterliegt gewissen Überzeugungen von Relevanz und Notwendigkeit, und sie ist immer ein Ergebnis von unterschiedlichen Interessen und Vorstellungen. Schüler*innen sollen sowohl Fähigkeiten und Kenntnisse erlangen, um für die Bedürfnisse des Arbeitsmarkts gerüstet zu sein, als auch, um eigenständig denkende, mündige Bürger*innen einer demokratischen Gesellschaft zu werden.

Der Versuch, Allgemeinwissen zu definieren, dieses

---

7 Kleopatra VII. war der letzte weibliche Pharao und Königin des ägyptischen Ptolemäerreiches, welches auf Ptolemaios I. zurückgeht, einem Offizier von welchem großen Feldherrn?

gar festlegen zu wollen, ist eigentlich von vornherein zum Scheitern verurteilt. Wenngleich ich jedoch den Reiz einer solchen Herausforderung nicht ganz abstreiten kann. Zu den bekanntesten deutschsprachigen Versuchen zählt das im Jahre 1999 veröffentlichte Buch »Bildung. Alles, was man wissen muß« des Anglisten und Literaturwissenschaftlers Dietrich Schwanitz. Ein überaus vollmundiger Titel mit einem nicht einlösbaren Versprechen, das dank dieser Fallhöhe aber auch die Auflagenhöhe nach oben trieb. Schwanitz nimmt den Leser in diesem Bildungs-Handbuch mit auf eine flott geschriebene Reise durch Geschichte, Philosophie, Kunst, Literatur und Musik. Bei der Themenauswahl fehlten jedoch auch essenzielle Wissenswelten, und so erschien einige Jahre später die kritische Erwiderung »Die andere Bildung. Was man von den Naturwissenschaften wissen sollte« des Wissenschaftshistorikers Ernst Peter Fischer – dem Klagen des Physikers und Schriftstellers C. P. Snow folgend, der einmal wohl leider zu Recht behauptete, dass jeder Shakespeare zur Bildung zähle, aber nicht den zweiten Hauptsatz der Thermodynamik. Im Doppelpack stellen beide, mittlerweile zwar etwas in die Jahre geratenen Bücher immer noch ein gutes Fundament dar. Dennoch fehlen auch hier weiterhin große Allgemeinwissensbereiche wie Sport, Ernährung und Film und Fernsehen. Sicherlich kann man darauf verweisen, dass Bildung nicht deckungsgleich mit Allgemeinwissen ist. Aber warum sollten Kompositionen bewegter Bilder heutzutage weniger relevant sein als das geschriebene Wort großer Dichter?

2

Fluch des Wissens – Hase und Igel laufen Marathon

Laut einer Schrift des römischen Redners und Staatsmannes Cicero[8] soll Sokrates[9], der große Philosoph der Antike, einmal selbstkritisch und bedeutungsschwer folgende Erkenntnis geäußert haben: »Ich weiß, dass ich nichts weiß.« Dieser berühmte Ausspruch zählt heute wohl zu den populärsten Zitaten philosophischer Laien überhaupt. Ungeachtet der Tatsache, dass es sich hierbei eigentlich um einen Widerspruch handelt, denn wenn man etwas weiß, dann kann man schließlich nicht nichts wissen, hat Sokrates diese Worte so wohl nie gesagt. Auch schriftlich ist nichts dazu überliefert. Das mag nicht überraschen, schließlich fehlen jegliche Schriftstücke aus der Hand dieses Denkers. Unser Wissen um die frühe Philosophie im Ursprungsgebiet demokratischer Herrschaftsformen beruht vornehmlich auf den

---

8   Auf welche für Hummus und Falafel essenzielle Hülsenfrucht lässt sich der Name »Cicero« zurückführen?

9   Die bevorzugte Gesprächstechnik von Sokrates war bei Dialogen die Mäeutik, im Prinzip das Gegenteil des Frontalunterrichts. Durch viele geeignete Fragen brachte er seine Gesprächspartner dazu, selbst Erkenntnisse hervorzubringen. Der Begriff »Mäeutik« geht zurück auf den Beruf, den seine Mutter ausübte. Welchen Beruf hatte sie?

Schriften von Platon[10], dem bedeutendsten Schüler von Sokrates. Aber auch in seinen zahlreichen in Dialogform überlieferten Werken findet man diesen Satz nicht.

In der falschen Überlieferung steckt aber durchaus eine wichtige Beobachtung. Man könnte es im wahrsten Sinne des Wortes folgendermaßen relativieren: Je mehr ich weiß, desto mehr weiß ich, was ich nicht weiß. Man beginnt mit der bewussten Bildung einer Wissensbasis einen Wettlauf, den man niemals beenden kann. Und je schneller man läuft, desto weiter entfernt sich das trügerische Ziel des universellen Wissens. Eine paradoxe Mischung aus immer schneller werdendem Hamsterrad und Hase-Igel-Rennen.[11]

Dass dies durchaus auf das Gemüt schlagen kann, erfuhr ich 2010 bei meiner ersten Quizeuropameisterschaft im englischen Derby.[12] Am späten Abend nach den Wettbewerben saß ich noch mit einigen erfahrenen Quizzern bei ein paar Gläsern englischem Ale zusammen. Dabei kam ich mit dem jungen Stadtplaner Jesse Honey ins Gespräch, Mitglied der fast unschlagbaren englischen Nationalmannschaft und Shootingstar der Szene. Der erst 33-Jährige hatte sich binnen weniger

---

10 Platons Schüler Aristoteles war der Erzieher und Lehrer von welchem makedonischen Feldherrn?

11 »Hase und Igel« ist 1979 der erste Preisträger welcher jährlichen Auszeichnung geworden? Weitere Gewinner in der jüngeren Vergangenheit waren »Azul«, »Just One« und »Kingdomino«.

12 Das am häufigsten ausgetragene Derby Europas ist das Fußballspiel »Old Firm«, das in welcher britischen Stadt stattfindet? Die Rangers führen 2020 hauchdünn mit 162 Siegen.

Jahre in die Weltspitze manövriert und genoss nicht nur großen Respekt unter seinen Mitstreitern, sondern aufgrund seiner stets positiven Ausstrahlung ebenso große Sympathien. Was er mir damals jedoch offenbarte, verblüffte mich. Quizzen sei eigentlich nicht das Richtige für ihn, sagte er halb im Scherz. Wenn man als Stadtplaner in der Millionenmetropole London lange diensttauglich bleiben möchte, so sollte man auf frustrierende Hobbys verzichten. Zwar mache es zweifelsohne immer Spaß, aber ihn belaste durchaus die Vorstellung, dass er nie genug wissen könne. Jesse Honey wurde zwei Jahre später mit einer Rekordpunktzahl Weltmeister. Wiederum zwei Jahre später trat er zurück. Und im Gegensatz zu vielen Sportlern[13] und Musikern blieb er seiner Entscheidung treu.

Ich habe seine Aussage schon damals nicht ganz nachvollziehen können, und bis heute teile ich auch nicht ihre Konsequenz. Eine Lösung gibt es nicht – wie bei jedem Dilemma. Aber es gibt zumindest eine Möglichkeit, dem Problem aus dem Weg zu gehen: Wem das sich beschleunigende Hamsterrad bewusst ist und wer diesen Umstand akzeptiert, kann einen Ausweg aus dieser psychologischen Falle durch einen ebenso paradoxen Konter finden: indem man nämlich den Wunsch nach umfassender Bildung verwirft. Der Weg ist das Ziel. Das Erlangen von Wissen ist ein Prozess, ein Ende gibt es nicht, denn tagtäglich wird so viel Wissenswer-

---

13 Michael Jordan beendete 1993, etwas verfrüht, seine Basketballkarriere, um welchen Sport professionell zu betreiben? 1995 stand er dann für die Chicago Bulls auf dem Parkett.

tes hervorgebracht, dass es unmöglich von einer Person verarbeitet und aufgenommen werden kann. Das Ziel ist also lebenslanges Lernen.

Allgemeinwissen ist das Produkt eines Ultra-Marathons, keines Sprints. Mein Wissen hat sich über dreißig Jahre in unzähligen Episoden verschiedenster Lernerfahrungen gefestigt. Übrigens genauso wie bei Ihnen auch. Wenn Sie nun fünf Power-Sprints hinlegen und so hoffen, ins Ziel zu kommen, erwarten Sie zu viel. Die Ziellinie eines Marathons erreichen Sie so nicht, egal, wie schnell Sie sprinten, und Sie geben im schlimmsten Fall aus Enttäuschung auf.

Ich treffe regelmäßig auf Menschen, die unbedingt so schnell wie möglich ihr Wissen erweitern möchten. So erlebe ich immer wieder, dass Quizneulinge an unseren Turnieren teilnehmen und sehr ehrgeizige Ziele haben, nur um wenig später enttäuscht mit dem Quizzen wieder aufzuhören, weil sich ihre Platzierungen und Punkte nicht ihren Erwartungen entsprechend entwickelt haben. Man kann innerhalb eines Jahres nicht das Wissen verdoppeln, das man sich zuvor in über dreißig Jahren angeeignet hat, es sei denn, man ging früher mit Scheuklappen durch die Welt. Wir alle lernen ja jeden Tag, ob wir das nun bewusst machen oder nicht, wir nehmen ständig Informationen auf. Natürlich kann man das Lernen und die Informationsaufnahme verbessern und beschleunigen, kognitive Wurmlöcher gibt es jedoch nicht, es braucht Zeit. Und je mehr der Prozess des Lernens selbst Spaß macht, unabhängig vom jeweiligen Ziel, desto eher sind wir gewillt, diesen immer wieder aufs Neue einzugehen.

3

Quizzen ist kein Gedächtnissport

Noch eine kleine Klarstellung: Ich bin kein Gedächtniskünstler und habe kein fotografisches Gedächtnis. Ich
lerne nicht mit einer einzigen Methode, mein Ansatz ist
umfassender und natürlicher und beinhaltet viele kleine
Schritte, mit denen ich langfristig mein Allgemeinwissen aufbaue. Gedächtniskünstler*innen nutzen im Gegensatz zu mir meist eine oder zwei Methoden, um kurz-
fristig große Informationsmengen mental abzuspeichern.

Einige konnten ihre Fähigkeiten einem Millionenpublikum in der von Jörg Pilawa moderierten Fern-
sehshow »Deutschlands Superhirn« im ZDF unter Beweis stellen. Eine der atemberaubenden Leistungen
absolvierte u. a. eine 14-jährige Schülerin, die das kom-
plette Fernstreckennetz der Deutschen Bahn und auch
alle dazugehörigen Bahnhöfe erfolgreich memorierte.
Bei den Gedächtnisweltmeisterschaften gehören deutsche Mentalathlet*innen zur Spitze, schon vier Mal
ging der Titel nach Deutschland. Die Weltmeisterschaft
besteht aus zehn Disziplinen. In verschiedenen Zeit-
vorgaben müssen Zahlen, Wörter, Spielkarten, Namen
und Bilder möglichst fehlerfrei und schnell auf die geistige Festplatte gebracht werden. Die Leistungen sind
höchst beeindruckend. Dennoch, bei aller Faszination,
die sie zu Recht auslösen, es handelt sich hier eigentlich

um eine Orgie des Bulimie-Lernens. Warum sollte man sich auch fiktive Daten langfristig merken? Vielleicht nur, um am Ende des Tages einen Pokal in die Höhe zu strecken und sich Weltmeister nennen zu dürfen?

Einer der Pioniere des Gedächtnissports ist der Brite Dominic O'Brien, achtfacher Gedächtnisweltmeister und ehemaliger Wettkönig des Fernsehklassikers »Wetten, dass ..?«.[14] Ebenso erfolgreich ist er in der Vermarktung seiner Techniken. So schrieb er u. a. das Buch »How to Develop a Brilliant Memory Week by Week. 50 Proven Ways to Enhance Your Memory«. Unter den fünfzig Schritten, die er anpreist, finden sich viele kreative, gut anwendbare und sinnvolle Memotechniken, die durchaus hilfreich sind, wenn man sich die eigene IBAN-Nummer besser merken möchte. Allerdings rät O'Brien auch, sich damit die Namen der Filme, die einen Oscar bekommen haben, oder sonst irgendwelche historisch bedeutsame Daten zu merken. Meiner Meinung nach ist dieser Ansatz höchst fraglich und darüber hinaus auch wenig Erfolg versprechend.

Damit Sie besser verstehen, was ich meine, will ich Ihnen das an einem ganz konkreten Beispiel aufzeigen: Um sich die mit dem Oscar ausgezeichneten Filme in chronologischer Reihenfolge merken zu können, empfiehlt O'Brien die Anwendung der sogenannten Loci-Methode. Dabei werden Fakten – in der gewünschten Reihenfolge – in einer Bilderserie entlang eines uns be-

---

14 Welcher ehemalige »Wetten, dass ..?«-Moderator ist gebürtiger Österreicher?

kannten Weges zu einer Geschichte miteinander verbunden. Wenn man nun also die letzten zehn Sieger später aufzählen möchte, dann soll man sich vorstellen, dass man sein Ticket bei einem König kauft (»The King's Speech«), ein stummer Jack-Russell-Terrier (»The Artist«) das Popcorn übergibt, Ben Affleck mit Argusaugen die Ticketkontrolle vollzieht (»Argo«), jemand auf dem Gang ausgepeitscht wird (»12 Years a Slave«), auf dem Nachbarsitz sich ein Mann mit Vogelkopf breitmacht (»Birdman«), der Film mit einem grellen Licht beginnt (»Spotlight«), Sie aus dem Kino spätabends in die dunkle Nacht bei Mondlicht hinaustreten (»Moonlight«), es auf dem Nach-Hause-Spaziergang zu regnen beginnt (»Shape of Water«), was Muammar al-Gaddafi nicht davon abhält, Ihnen sein politisches Buch zu überreichen (»Green Book«), in dem Sie allerlei Ungeziefer finden (»Parasite«).

Eine durchaus bemerkenswerte Geschichte, die gerade deshalb auch einprägsam ist. Und ja, ich bin mir sicher, dass ich mir die Reihenfolge der Oscargewinner mithilfe dieser abstrusen Story durchaus besser einprägen kann. Ein Effekt, der aber auch eingetreten wäre, wenn ich dieselbe Zeit, die ich für die Konstruktion der Geschichte aufwenden musste, dafür eingesetzt hätte, um noch etwas mehr über die Filme zu erfahren. Was passiert nun aber, wenn jedes Jahr ein neuer Film dazukommt? Eine unendliche Geschichte![15] Bei mindestens 24 Kategorien,

---

15 Der Titelsong der Verfilmung aus dem Jahre 1984 von Michael Endes »Die unendliche Geschichte« stammt von Christopher Hamill, der unter welchem Anagramm seines Nachnamens auftrat?

in denen die knapp vier Kilogramm schwere, mit 24-karätigem Gold überzogene Statuette aus Britanniametall vergeben wird, sprengen die zur Memorierung notwendigen Geschichten jedes geistige Budget. Dennoch hat die Vorstellung eines Kinosaals gefüllt mit Meryl Streeps und Katherine Hepburns etwas Magisches.

Eine solche Übersetzung von Informationen in absurde Geschichten ist für die Entwicklung von Allgemeinwissen eher ein Bremsstein. Ich kenne jedenfalls keinen Quizchampion, der diese Methode für sich nutzt. Ich finde sogar, dass Eselsbrücken grundsätzlich kognitiver Ballast sind. Sie sind nur dann sinnvoll, wenn man ein Thema weder verinnerlicht noch verstanden hat. »Mein Vater erklärt mir jeden Sonntag unseren Nachthimmel« ist zwar ein süßer Merkspruch, mit dem man die Reihenfolge der Planeten unseres Sonnensystems leicht memorieren kann. Wenn ich aber weiß, dass der siebte Planet, Uranus, im Jahre 1781 von dem in Hannover geborenen deutsch-britischen Astronomen Wilhelm Herschel entdeckt worden ist und es weitere 75 Jahre dauerte, bis der Deutsche Johann Gottfried Galle in der Berliner Sternwarte den achten Planeten, Neptun, erspähte – übrigens aufgrund der Vorberechnungen seines französischen Kollegen Urbain Le Verrier –, dann brauche ich ihn nicht. Mehr noch: Als Pluto 2006 auf der Generalversammlung der Internationalen Astronomischen Union vom Planeten zum Zwergplaneten degradiert worden ist, musste ich zumindest den Merkspruch nicht überarbeiten.

4

Allgemeinwissen – wozu?

Binnen nur weniger Sekunden und Klicks auf dem Smartphone können wir uns Fakten ergoogeln. Wikipedia bereitet das gesammelte Weltwissen auf, das gedruckt in kein Bücherregal mehr passen würde. Vorbei sind die Zeiten, in denen noch lange Diskussionen über recht einfache Wissensfragen geführt wurden, denn es kann heutzutage schnell geklärt werden, wer recht hat. Ich vermisse diese Diskussionen nicht, und viele frühere Generationen hätten uns um die heutigen Möglichkeiten sicher beneidet. Noch nie konnten so viele Informationen so einfach abgerufen werden.

Warum sollten wir uns also im Zeitalter von Google und Wikipedia noch basale Fakten merken, wenn wir doch wissen, wie wir diese erhalten. Reicht die Kernkompetenz des effektiven Suchens und Findens nicht aus? »Wissen heißt wissen, wo es geschrieben steht« – das wusste auch schon Albert Einstein, und bei Jura-Studierenden steht diese Überzeugung bekanntlich ebenfalls hoch im Kurs.

Warum sollte ich noch die Hauptstadt von Ruanda kennen? Wissen, wie hoch der Mount Everest ist? Oder welcher Herrscher 800 n. Chr. in Rom an Weihnachten von Papst Leo III. zum Kaiser gekrönt worden ist? All dies steht schließlich im Internet. Jederzeit abrufbar.

Das intrinsisch motivierte Bildungsbürgertum mag eine solche Einstellung erschrecken, schließlich gehört Allgemeinwissen doch zum Rüstzeug eines aufgeklärten und gebildeten Menschen. Es ist aber tatsächlich diskutabel, inwiefern solche Fakten notwendigerweise zum modernen Bildungskanon gehören und ob nicht eher Anwendungskompetenzen wie die kritische Konsumfähigkeit von Medien dazu zählen sollten.

Ich bin der festen Überzeugung, dass ein breites Faktenwissen eine wünschenswerte Eigenschaft ist. Mehr noch: Ein breites Faktenwissen ist eine notwendige Voraussetzung für ein souveränes Leben, und zwar trotz der Möglichkeit, jederzeit elementare Informationen – wie die Hauptstädte der Welt oder die Kaiser des Römischen Reiches – abrufen zu können. Ich muss diese Einstellung ja auch haben, denn wäre ich anderer Meinung, würde ich meine Tätigkeit infrage stellen und damit auch gleich meine Existenz.

Aber es gibt auch noch weitere Gründe dafür. Auf drei Ebenen ist ein breites Wissensfundament von Bedeutung:

- auf der persönlichen Ebene, denn das Wissen, über das wir verfügen, prägt unsere Sicht auf die Dinge;

- auf der sozialen Ebene, denn als soziale Wesen treten wir ständig in Interaktionen mit anderen Menschen, und Wissen dient dabei als kommunikatives Gleitmittel;

- und schließlich auf der gesellschaftlichen Ebene, denn geteiltes Wissen ist eine wichtige Voraussetzung für das Funktionieren einer demokratischen Gesellschaft, es ist ihr notwendiger Kitt.

Die individuelle Ebene – Basis und Brille

Im Matthäusevangelium findet sich das »Gleichnis von den anvertrauten Talenten«. Jesus erzählt von einem Herrn, der seine drei Knechte mit finanziellen Mitteln ausstattet, bevor er auf Reisen geht. Nach seiner Rückkehr stellt er fest, dass zwei von ihnen Gewinn erwirtschaftet haben, und entlohnt die beiden entsprechend. Der Dritte hat das Geld ruhen lassen und nichts daraus gemacht. Aus Enttäuschung darüber nimmt er ihm alles wieder weg und übergibt es den beiden erfolgreichen Nachwuchs-Investoren. »Wer hat, dem wird gegeben werden; wer nicht hat, dem wird genommen werden« – unabhängig von ihrer religiösen Bedeutung dient diese neutestamentarische Erzählung als Namensgeber einiger wissenschaftlicher Befunde, die man gemeinhin unter dem »Matthäus-Effekt« subsumiert. So stellte beispielsweise der US-amerikanische Soziologe Robert K. Merton fest, dass bekannte Forscher*innen häufiger zitiert werden als weniger bekannte und dadurch noch bekannter werden – ein Aufschaukelungskreis: Erfolg führt zu Erfolg (»success breeds success«). Es lassen sich viele Beispiele dieser Form der positiven Rückkopplung finden, ob im Profisport, in der Wirtschaft (»Reiche werden reicher«) oder in der Unterhaltungsbranche. Der Grundgedanke findet sich auch in verschiedenen Redewendungen wieder wie beispielsweise »Es regnet immer dorthin, wo es schon nass ist« oder: »Der Teufel scheißt immer auf den größten Haufen«.

Den Matthäus-Effekt kann man aber auch beim Lernen beobachten. Unser Vorwissen hat einen ganz entscheidenden Einfluss auf unseren Lernerfolg. Je mehr ich bereits über einen Sachverhalt weiß, desto leichter fällt es mir, neue Informationen aufzunehmen und erfolgreich abzuspeichern. Wir erinnern uns besser an Daten und Fakten, wenn wir sie innerhalb eines bekannten Koordinatensystems einordnen können. Offensichtliche Beispiele sind historische Fakten entlang einer Zeitachse und geografische Fakten auf einer in der Regel zweidimensionalen Landkarte.

So konnten Lernforscher nachweisen, dass im Schulunterricht Leistungsunterschiede sich u. a. vergrößern können, weil sehr gute Schüler*innen aus dem angebotenen Lernmaterial auch bei gleicher Konzentration und Motivation einen größeren Lerngewinn erzielen können. Die soziokulturellen Unterschiede, man spricht hier oft von bildungsnahen und bildungsfernen Familien, können sich insbesondere in der Grundschule als Beschleuniger unterschiedlicher Wissensentwicklungen erweisen. Aufgrund der verschiedenen Voraussetzungen von Bildung im Elternhaus bleibt bei den Kindern unterschiedlich viel vom Unterricht hängen. Der Aufgabe, Chancengleichheit zu gewährleisten, können Lehrer*innen daher kaum gerecht werden.

Unser Wissen fungiert zudem wie eine Brille, durch die wir unsere Umwelt wahrnehmen, es ist eine Art Wirklichkeitsfilter. Mehr Wissen macht viele Dinge erst sichtbar. Wenn ich etwas nicht kenne oder benennen kann, ist es auch wahrscheinlicher, dass ich es im wahrsten Sinne des Wortes übersehe.

Ein Beispiel: Nachdem ich mich näher mit architektonischen Elementen und Stadtplanung beschäftigt hatte, ging ich mit ganz anderen Augen durch die Straßen meiner Heimatstadt Berlin. Ich entdeckte plötzlich an vielen Häusern Atlanten. Das sind überlebensgroße, maskulin-muskulöse Figuren, die als architektonische Stützen Säulen ersetzen und eine sprichwörtlich tragende Funktion besitzen. Benannt sind sie treffenderweise nach dem Titan aus der griechischen Mythologie, der das Himmelsgewölbe stützt. Die weibliche Entsprechung dieser architektonischen Funktionsträger sind die Karyatiden. Am bekanntesten sind die Karyatiden auf der Akropolis in Athen, aber auch sie sind in deutschen Großstädten zu finden – wie ich beim Spazierengehen feststellen konnte. Ein Umstand, der mir zuvor verborgen geblieben ist.

Ähnlich verhält es sich bei Wanderungen durch die Natur. Erst die Fähigkeit, eine Kiefer von einer Fichte und eine Lärche von einer Tanne unterscheiden und Birken, Weiden, Pappeln und Platanen ihren Namen zuordnen zu können, ermöglichte es mir, den Wald vor lauter Bäumen differenziert wahrzunehmen. Zuvor war es einfach ein großes Biotop, da konnte ich keine Unterscheidungen treffen. Baum war Baum, Blume war Blume. Der

Artenreichtum der Natur erschien zwar vor dem Auge, mein Geist konnte ihn aber nicht so aufnehmen, weil die Begriffe fehlten. Und mittlerweile hilft mir das Wissen, auch mal lästigen Allergieattacken aus dem Weg gehen zu können.

Die soziale Ebene – Wissen als soziales Gleitmittel

Einer meiner besten Freunde ist der Japaner Ono Takefumi. Ich lernte ihn 2007 auf einer Sprachreise in England kennen. Bis heute betont er mir gegenüber, wie einprägend für ihn unsere erste Begegnung gewesen sei. Was habe ich getan? Nichts weiter, als ihn auf den neuen Star des Sumoringens anzusprechen, den frisch zum Yokozuna ernannten Hakuho Sho.[16] Takefumi war erstaunt, nicht nur, weil ich mich als Ausländer für den traditionellen japanischen Ringkampf interessiere, sondern auch, weil ich darüber hinaus über ein paar Kenntnisse verfüge und auf dem letzten Stand war. Vor allem aber empfand er mein Wissen als Zeichen meines aufrichtigen Interesses an und Respekts gegenüber seiner Kultur. Dies stand im Übrigen im eklatanten Gegensatz zu manch anderen, die sich beinahe damit brüsteten, China nicht von Japan unterscheiden zu können, und dies leider auch regelmäßig so offenbarten.

---

16 Der gebürtige Mönchbatyn Dawaadschargal ist kein Japaner. Vier der letzten fünf Yokozuna, unter anderem auch er, stammen aus welchem sehr dünn besiedelten Land?

Über den Jahreswechsel 2019/20 flog ich zu Take-fumi nach Japan. Bei einem gemeinsamen Besuch im Onsen, dem traditionellen japanischen Thermalbad, am kleinen Shōji-See am Fuße des herausragenden Berges Fuji sinnierten wir darüber, was stabile und fruchtbare Freundschaften ausmache. Nein, einen Yokozuna benennen zu können, stand nicht oben auf der Liste. Freundschaften im Speziellen und menschliche Beziehungen im Allgemeinen basieren natürlich auf viel wichtigeren Grundlagen. Dennoch durfte ich mir wieder ein Lob ob meines Sumo-Sachverstandes einheimsen. Vielseitige Kenntnisse stellen zumindest erst einmal eine wichtige potenzielle Gesprächsbasis dar, einen Verknüpfungspunkt, der auch langfristig einen positiven Eindruck hinterlassen kann. Dass ich den jüngsten Yokozuna, Kisenosato, nicht benennen konnte – immerhin seit siebzehn Jahren endlich wieder ein Japaner, der in den obersten Rang befördert worden ist –, nahm er mir auch nicht übel. So genau aber weiß man das bei seinem japanischen Pokerface nicht.

Wissen kann Türen und Herzen öffnen. Mir fällt es in der Regel nicht schwer, auf einer Party oder einem Empfang mit zahlreichen Personen, die ich noch nicht kenne, ins Gespräch zu kommen. Natürlich reicht Wissen dafür alleine nicht aus, ein gewisses Interesse und eine Offenheit gegenüber anderen Mitmenschen, eine Gesprächsbereitschaft und Neugier und ein freundliches, sympathisches Auftreten sind fürs Kennenlernen und Socialising von ebenso großer Bedeutung. Dennoch ist es einfacher, mit Sabine über ihre beeindruckende Reise nach Kolumbien zu reden, wenn man ein bisschen was über die Geografie, Geschichte und Kultur des Landes weiß, und zwar nicht, um sie über das Land aufzuklären, sondern um passende Nachfragen stellen zu können und sich mit ihr auszutauschen. Wenn sich die Kenntnisse auf den Drogenbaron Pablo Escobar beschränken, dann kann es sein, dass sich das Gespräch auch schnell wieder erschöpft, es sei denn, man besitzt die notwendige Eloquenz und emotionale Intelligenz, das Gespräch auch ohne jegliches Vorwissen mit ganz allgemeinen Fragen voranzutreiben zu können. Mit Benjamin kann ich mich dann ein wenig später über spannende Kunstausstellungen austauschen und mit Tobias Wetten abschließen, welcher Film wohl die besten Chancen auf eine Oscarprämierung hat oder welches Team die UEFA Champions League gewinnen wird.

Natürlich ist dieses Bonding über viele verschiedene Kanäle möglich, manchmal auch ganz banal über eine gemeinsame Zigarettenpause oder ein paar Gläser Wein, und nicht jeder mag für die gleiche Art und Weise empfänglich sein, dennoch kann es von enormer Bedeutung sein, inhaltlich auf seine Mitmenschen einzugehen. Dieses wissensgestützte Socialising offenbart Interesse an der Lebenswelt meines Gegenübers und rückt mich gleichzeitig in ein positives Licht, potenziell zumindest, wenn man die erste Regel des »Besserwisserklubs« beachtet: niemals prahlen und mit Wissen beeindrucken wollen. Keiner mag Besserwisser, und niemand möchte ständig auf seine eigenen Wissenslücken aufmerksam gemacht werden. Sie kennen sicherlich jemanden aus Ihrem Bekanntenkreis mit besserwisserischen Zügen. Ständig muss diese Person mit ihrem (Halb-)Wissen prahlen und andere korrigieren. Begehen Sie daher bitte nicht den sozialen Kardinalfehler. Ich spreche hier aus eigener Erfahrung.

Ich habe viele Jahre gebraucht, um meine besserwisserischen Züge sozialverträglich zu gestalten. Ich erinnere mich noch gut an Situationen in meiner Jugend und Pubertät, in denen ich unbedingt geistig mein Revier markieren wollte und meiner Umwelt meine Überlegenheit an Wissen beweisen musste. Keine besonders sympathischen Züge. Jetzt habe ich eine Bühne im Fernsehen, bei der die Demonstration von Wissen von mir erwartet wird, und die Quizturniere, die zudem als Sozialnische eine gewisse Ventilfunktion ausüben. Durch Introspektion, soziale Rückschläge und emotionale Intelligenz habe ich erst lernen müssen, dass man Wissen zwar vermitteln kann, aber es vom Zeitpunkt, dem Adressaten, der Intention und der Darbietung maßgeblich abhängt. Rückblickend eine Offensichtlichkeit, für mich war es allerdings ein schrittweiser Entwicklungsprozess. Also machen Sie nicht den gleichen Fehler wie ich, und versuchen Sie, Ihr Wissen so einzusetzen, dass es sympathisch und sozialverträglich aufgenommen wird, dafür gibt es so viele Möglichkeiten von interessiert-informativen aufrichtigen Nachfragen bis zu geistreichen Scherzen.

Die gesellschaftliche Ebene – Allgemeinbildung als gesellschaftlicher Kitt

Gemeinsame Erlebnisse, kollektive Erinnerungen und nationale Mythen prägen ganze Gesellschaften und ihre Bevölkerungen. Sie sorgen für Identität und für ein beinahe blindes Verständnis. Es entsteht ein Vertrauen zwischen Fremden, aber doch Gleichen, nicht nur vor dem Gesetz, sondern verbunden durch ein kulturell einendes Band, welches sich durch das Sprechen der gleichen Sprache, das Erleben der gleichen Geschichte, die gleichen Alltagsgeschichten und vor allem auch den Konsum gleicher Medien bildet. Geteilte Erfahrungen können die Triumphe der Fußballnationalmannschaft bei internationalen Turnieren sein wie das legendäre 7:1 bei der FIFA WM 2014 gegen den Gastgeber Brasilien in Belo Horizonte, die Sommer-Hits, die auch Bewegungs-Legastheniker das Tanzbein schwingen lassen, oder auch Fernsehshows wie »Wetten, dass ..?«, die in den Achtzigerjahren regelmäßig mehr als zwanzig Millionen Zuschauer*innen vor den Fernseher lockten, was einen heute unvorstellbaren Marktanteil von 60 bis 70 Prozent bedeutet. Natürlich saßen nicht alle gemeinsam vor dem TV-Gerät, aber sie begaben sich synchron in die gleiche Erfahrungswelt und wurden gleichzeitig mit denselben Inhalten konfrontiert. Am nächsten Tag konnten die Eindrücke dann auf dem Schulhof oder in der Betriebskantine geteilt werden. So lange muss man heute dank Messenger-Diensten wie WhatsApp oder Telegram und sozialen Netzwerken wie Twitter gar nicht mehr warten, da trendet man es dann zur Echtzeit als virtuellen Abdruck des realen Interesses.

Allerdings gibt es diese großen, einenden, quasi-synchronen, Lebenswelt-verbindenden Erlebnisse immer seltener, denn es gibt mittlerweile ein Überangebot an Unterhaltungsdiensten und Beschäftigungsmöglichkeiten. Die Zwangsläufigkeit, mit der Familie beim Abendbrot die wichtigsten Meldungen des Tages bei der Tagesschau nebenher aufzunehmen, ist nicht nur aufgrund veränderter Familienstrukturen (mehr Single-Haushalte und größere Wohnungen) nicht mehr gegeben. Die Tagesschau ist zwar weiterhin eine der meistgesehenen Sendungen der Republik, dennoch erreicht sie in ihrer Hauptausgabe kaum mehr jeden Zehnten. Ob der absolute Großteil der restlichen 90 Prozent die wichtigsten Tagesinformationen aus Politik und Wirtschaft über andere Nachrichtensendungen, Tageszeitungen, Apps oder durch das Internet aufnimmt, ist fraglich. Der durchschnittliche Medienkonsum ist zwar gestiegen, dominiert wird er jedoch von kaum zu überblickenden Unterhaltungsangeboten. Der ursprünglich durch das Fernsehen erzeugten Gleichzeitigkeit sind On-Demand-Dienste entgegengetreten. Streaming-Anbieter wie Netflix und Amazon Prime Video bieten Tausende von Serien, Filmen und Dokumentationen, die jederzeit zum Abruf bereitstehen. Und auch wenn viele Millionen Stichtagen entgegenfiebern, an denen neue Staffeln und Episoden beliebter Serien wie »Stranger Things« und »Game of Thrones« verfügbar sind, um dann dem Binge-Watching zu verfallen, scheint der Live-Faktor nur noch bei Sportveranstaltungen von Bedeutung zu sein.

Zu den Hauptquellen von Vorurteilen zählen Vereinfachungen, die auf Unkenntnis basieren. Da werden aufgrund einzelner Merkmale oder eines Teilausschnitts realer Begebenheiten falsche Schlüsse gezogen. Und je weniger man weiß, desto einfacher fällt es einem, fehlerhafte und teils gefährliche Zuweisungen zu machen. Falsche Allaussagen über Gruppen können in der Regel mit nur wenigen Gegenbeispielen widerlegt werden. Breites Wissen und Bildung sind da die wirkungsmächtigsten Impfmittel. Doch Toleranz muss nicht nur das Ergebnis abstrakter Überlegungen zu Gerechtigkeit und richtigem Handeln sein, sondern sie kann auch darauf beruhen, dass man offen ist für kulturelle Vielfalt und auch entsprechend lebt. Je homogener nämlich der Kreis ist, in dem man sich bewegt, ob real oder virtuell, desto empfänglicher ist man potenziell auch für schadhafte Gruppenzuweisungen.

Eine demokratische, pluralistische Gesellschaft ist deshalb auch essenziell auf breite Bildung der Bevölkerung angewiesen. Denn Demokratie bedeutet mehr, als alle paar Jahre zum Wahllokal zu schreiten und ein Kreuz auf einem Zettel zu machen. Es gibt zwar keine Pflicht der politischen Beteiligung,[17] wir alle aber beeinflussen mit unseren Äußerungen und mit unserem

---

17   In welchen beiden deutschen Nachbarstaaten ist eine Wahlpflicht gesetzlich verankert und könnte ein Fernbleiben Sanktionen nach sich ziehen?

Handeln die gesellschaftliche Realität. Gesellschaftlicher Zusammenhalt ist zum einen von abstrakten Normen, die von allen geteilt werden, abhängig, zum anderen aber auch von der Empathiefähigkeit der Menschen, die in einer Gesellschaft leben, sowie von dem Verständnis der Menschen füreinander. Es reicht von dem simplen Wissen um die Existenz der vielen Bestandteile einer Gesellschaft bis hin zur Fähigkeit, sich miteinander austauschen zu können und wertzuschätzen. Wenn man nämlich Gemeinsamkeiten mit anderen Menschen erkennt, entwickelt man mehr Verständnis füreinander und kann so Konflikte entschärfen. Wer wie »ich« die Rolling Stones und Die Toten Hosen gerne hört, den neuen Thriller von Sebastian Fitzek verschlingt, auch schon einmal Australien bereist hat, gelegentlich Mario Kart auf dem Smartphone spielt und im Winter keinen Biathlon-Weltcup verpasst, der kann ja eigentlich kein schlechter Mensch sein, selbst wenn er vielleicht politisch ganz anders tickt. Deutschrap-Fans beurteilt man sicherlich auch differenzierter, wenn man sich einen »Hör-Einblick« über die Szene verschafft hat, der über die prominenten Beispiele von begrenzten Textern hinausgeht, die stets darauf hinweisen müssen, mit Müttern ihrer Intimfeinde intim gewesen zu sein. Wissen ermöglicht Menschen, ihre Mitmenschen mehrdimensional wahrzunehmen. Je breiter mein Wissensfundament ist, desto mehr Schnittmengen habe ich mit anderen Personen, die als Anknüpfpunkte dienen können. Und wenn die Unterschiede doch dominieren, habe ich zumindest ein wesentlich realistischeres Bild der Gesellschaft, in der ich lebe. Eine weitere wichtige Voraussetzung, um diese mitgestalten zu können.

Natürlich ist Allgemeinwissen kein Allheilmittel gegen Pauschalisierungen, die in Hass, Rassismus und andere Übel münden können. Viele sehr intelligente Menschen sind Urheber gesellschaftsgefährdender Überlegungen. Bildung und Wissen machen uns eben nicht per se zu besseren Bürger*innen, allerdings erhöhen sie ganz sicher die soziale Akzeptanz unter Fremden. Der paradoxe Befund, dass insbesondere Menschen, die in homogenen Gruppen leben und keinerlei Kontakt zu Andersdenkenden haben, eher zu ausländerfeindlichen Haltungen neigen, deutet darauf hin. Ohne Schnitt- und Kontaktpunkte bleibt man sich fremd, da reicht es auch nicht, wenn die Betreffenden regelmäßig die Sportschau gucken und Helene Fischer gut finden.

Verstärkt wird dieser Umstand durch das, was Sozialwissenschaftler*innen Filterblasen und Echokammern nennen. Vor allem in den sozialen Netzwerken umgeben wir uns vermehrt nur noch mit Gleichdenkenden, was zwangsläufig zu einer Verengung der Ansichten und damit zu Bestätigungsfehlern führen kann. Diese Kammern der Bestätigung schaffen wir uns selbst und folgen dabei dem nachvollziehbaren Bedürfnis, Konflikte zu vermeiden, und dem Wunsch nach Bestätigung. Beschleunigt werden diese Tendenzen zusätzlich durch Algorithmen, die Webseiten und soziale Netzwerke nutzen, die uns das präsentieren sollen, was wir gerne sehen möchten. Auf Basis unseres Online-Verhaltens wie unserer Suchhistorie und den Informationen, die über uns verfügbar sind (Stand- bzw. Wohnort, Alter, Geschlecht etc.), werden uns Inhalte bevorzugt präsentiert, die zuvor auf unser Interesse gestoßen sind. Haben wir auf YouTube lustige Katzenvideos oder die Highlights der Karriere von Bastian Schweinsteiger angeschaut, dann werden in der Vorschlagsleiste mit großer Sicherheit weitere Filme aus dem Spektrum erscheinen. Auch der Facebook News Stream zeigt uns vorrangig Beiträge von Freunden und Seiten, die wir zuvor mit einem »Like« versehen haben, und Google filtert die Welt nach unseren Wünschen. Ein auf den ersten Blick angenehmer Service, der jedoch direkt in eine Informationsblase führen kann.

Anders als bei der morgendlichen Lektüre der Tageszeitung, in der Redakteur*innen und Journalist*innen Meldungen und Beiträge hinsichtlich ihrer Relevanz auswählen und somit eine durch ihre Vorstellungen, aber eben auch durch ihre Expertise beeinflusste Sicht der Welt präsentieren, liegt die Informationsbeschaffung im Netz maßgeblich auch in unserer Hand. Diese Freiheit fordert aber Zeit und Kraft. Und das überfordert uns. Statt die neu gewonnene Freiheit zu nutzen, unterwerfen wir uns den Marktmechanismen von Suchmaschinen, Onlineportalen und sozialen Netzwerken und kreisen geistig in unserem Feed.

Die Folgen sind auseinanderdriftende Wissensinseln. Kognitive Zentrifugalkräfte kreieren Informationsparallelgesellschaften, die einzelnen Bevölkerungsgruppen haben keinerlei Berührungspunkte mehr. Bildungsbürger*innen lesen am Morgen auf dem Weg zur Arbeit die *Süddeutsche* oder *Frankfurter Allgemeine Zeitung*, verfolgen die Nachrichten tagsüber über die Tagesschau-App und gehen am Abend ins Theater oder in die Oper. Wenn sie doch zu Hause bleiben und den Fernseher anschalten, dann läuft zur Entspannung ein Krimi der öffentlich-rechtlichen Sendeanstalten oder eine Dokumentation auf den Kultursendern arte oder 3sat. Vor dem Schlafengehen widmet man sich noch den von Literaturkritiker Denis Scheck empfohlenen Romanneuerscheinungen. In eher bildungsfernen Haushalten mag der Tag mit dem Frühstücksfernsehen eines Privatsenders oder dem Checken der Profile der Insta-Storys der Lieblingspromis beginnen. Vielleicht taucht man abends noch in die virtuellen Welten vieler Videospiele ab oder schaut im Netz auf der Streaming-Plattform Twitch seinen favorisierten Gamern beim Spielen zu. Derweil entfalten sich die Kinder auf dem Videonetzwerk TikTok mit lippensynchronen Musikvideos.

Natürlich ist dies eine ziemlich klischeehafte Darstellung, in der Realität gibt es viele Schattierungen, auch mein Alltag wechselt zwischen den beiden Polen. Dennoch wird es nur wenige Menschen geben, die den Bogen bewusst weit spannen. Ich plädiere daher dafür, dass auch Akademiker*innen gelegentlich RTL2 einschalten und sich beispielsweise ein paar Folgen der erfolgreichen, fast ausschließlich mit Laienschauspielern besetzten Reality-Seifenoper »Berlin – Tag & Nacht« anschauen, die seit nunmehr fast zehn Jahren in über zweitausend Episoden herausragende Quoten einfährt.

Das Laienschauspiel mag zwar Intellektuellen grotesk vorkommen, es offenbart jedoch einen Einblick in verschiedene Lebens- und Interessenswelten der Republik, auf die sie im Alltag gewiss nicht stoßen würden. Kennen Sie Hava, Samra und Shindy? Nein, das sind keine Charaktere aus der neuen Pokémon-Reihe, sondern deutschsprachige Künstler, die 2019 mit einem ihrer Hits die Spitze der deutschen Singlecharts erobern konnten. Dass vermutlich die meisten Deutschen den Großteil der Nr. 1-Hits des Jahres nicht kennen, liegt gewiss an der etwas zweifelhaften Gewichtung der Abrufzahlen von Musik-Streamingdiensten, die ja noch zu einem großen Teil von jungen Menschen genutzt werden, aber auch an einer Community, die diese Songs nach dem Erscheinen auf und ab hört und so beständig nach oben klickt. Dennoch ist es bemerkenswert, dass sich in dem gesellschaftlich verbindenden Medium Musik große »Parallelhörgesellschaften« gebildet haben. Natürlich gab es hier schon immer homogene Subkulturen, von Punk über Grunge bis hin zu Techno, sie waren nicht selten auch Ausdruck eines Generationenunterschiedes. Streamingdienste haben jedoch das Potenzial, auch als musikgeschmackliche Echokammer zu fungieren. Die Freiheit der Wahl und das grenzenlose Angebot können paradoxerweise auch hier in eine akustische Isolation münden.

Wenn also abseits von der Fußball-Bundesliga, der Musik von Ed Sheeran und einigen Kino-Blockbustern kaum mehr kulturelle Schnittmengen existieren, dann kann das den Zusammenhalt einer Gesellschaft vor große Herausforderungen stellen. Autonome Interessensinseln können einen kollektiven Autismus zur Folge haben. Gerechtigkeit und Solidarität gedeihen aber nur dann, wenn sie auch konkret unterfüttert werden.

Die Angebotsexplosion auf neuen und alten Kanälen zersplittert die Informationsaufnahme. Umso bedeutsamer ist es, sich weiterhin einen Überblick über viele Wissenswelten zu verschaffen, und das umfasst heutzutage nicht nur Klassiker der Bildungsbereiche wie Geografie, Geschichte und Naturwissenschaften, sondern auch weichere Themen wie Musik, Literatur, Sport, Film und Fernsehen.

5

Allgemeinwissen in der Praxis – über Eignungstests

Alle zwei Jahre werden achtzig junge und hoffnungsvolle Bewerber*innen zum Eignungstest der Henri-Nannen-Schule[18] in Hamburg eingeladen. Zuvor mussten sie sich bereits mit einer Reportage empfehlen und gegen eine Vielzahl an Mitbewerber*innen durchsetzen. Ich selbst bin über den Zeitpunkt des gefürchteten Wissenstests in den letzten Jahren immer gut im Bilde gewesen, da sich einige nervöse Kandidat*innen davor bei mir meldeten – mit der Bitte um Tipps oder sogar Crashkurse.

Der Respekt vor den Fragen ist durchaus gerechtfertigt. Dass die Kaderschmiede der zukünftigen deutschen journalistischen Elite auf einen vermeintlich altmodischen Wissenstest zurückgreift, mag zunächst überraschen, da doch zum Handwerkszeug gute Recherchefähigkeiten gehören. Die richtigen Fragen lassen sich jedoch mit einem fundierten Hintergrundwissen wesentlich besser stellen. Die Schule stellte aufgrund vielfältiger Praxiserfahrungen fest, dass Journalist*in-

---

18 Welches wöchentlich erscheinende Nachrichtenmagazin gründete der aus Emden stammende Verleger Henri Nannen, dessen Chefredakteur er über dreißig Jahre bis 1980 blieb?

nen, die über ein breites Allgemeinwissen verfügen, »ideenreicher bei der Themenfindung, reaktionsschneller bei Interviews, besser beim Entdecken sachlicher Fehler und effizienter bei der Recherche« sind. Letztlich sei der Test auch eine Überprüfung der in der Bewerbung womöglich oft floskelhaften Versicherung der berufsbedingt erwünschten »Neugier« und des »breiten Interesses«. Wer überschätzt sich? Wer verfügt tatsächlich über die erforderliche Allgemeinbildung? Wie schwer der Test ist, zeigt sich daran, dass es bisher noch niemandem gelungen ist, in den zur Verfügung stehenden 45 Minuten alle Fragen richtig zu beantworten. Die Besten der mit Sicherheit überdurchschnittlich gebildeten Bewerber*innen konnten zwischen 70 und 80 Prozent der Fragen richtig lösen. Da sie stets aktualitätsbezogen sind, kann man die zum Selbsttest zur Verfügung gestellten Fragen aus vorangegangenen Tests nur als ungefähres Richtmaß werten. Der Test wird auf diese Weise über die Jahre hinweg immer schwieriger. Einige Fragen bleiben zeitlos, wenn auch die Antworten sich ändern. Hier einige Beispiele aus dem Wissenstest aus dem Jahre 2017:

1. In welchen vier Bundesländern sind derzeit die CDU und Bündnis 90/Die Grünen gemeinsam an der Regierung beteiligt?
2. Wer in Deutschland weniger als XY Prozent des mittleren Einkommens verdient, gilt offiziell als arm (auch »armutsgefährdet« genannt). Beziffern Sie XY.

3. Wie viele Personen schauen im sogenannten Deutschland-Achter in Fahrtrichtung?

4. Nennen Sie jeweils ein bekanntes Show-Format im deutschen Fernsehen, bei dem es vor allem darum geht:
   a) Verkuppeln, b) Vortanzen, c) Vorsingen, d) Verkaufen, e) Vorkochen.

5. Welche Einstellungsoptionen gibt es für die »erweiterte Suche« bei Google?

Die anderen über fünfzig Fragen decken viele weitere klassische Wissensgebiete gut ab. Dazu gehören beispielsweise Bereiche wie Weltliteratur (Werke von William Shakespeare[19]), Naturwissenschaften (physikalische Größen und Messeinheiten[20]), Fremdwörter (Ornithologie[21] und Gerontologie[22]), Kunst

---

19 Welche große Tragödie des englischen Nationaldichters spielt neben »Der Kaufmann von Venedig« ebenfalls in der italienischen Lagunenstadt?

20 Zu den sieben SI-Basiseinheiten zählen das Kilogramm, die Sekunde, der Meter, das Stoffmengenmaß Mol, das Lichtstärkenmaß Candela sowie zwei Maßeinheiten, die nach Wissenschaftlern benannt worden sind: Kelvin und Ampere. Was wird in diesen Maßeinheiten gemessen?

21 Welche am weitesten verbreitete Vogelart der Welt ist mit einer Spitzengeschwindigkeit von 320 km/h im Sturzflug das schnellste Tier der Erde?

22 Welcher Großvater von Noah wurde laut Bibel 969 Jahre alt?

(Museen[23] und Gemälde[24]) und Geografie (Stadtteile[25] und Hauptstädte der Bundesländer[26]).

Viele spätere Chefredakteur*innen mussten sich zu Beginn ihrer Karriere diesem Test unterziehen, die Liste der namhaften Journalist*innen, die den Aufnahmetest in Hamburg gemeistert haben, ist lang. Zu ihnen gehören der ehemalige stellvertretende Chefredakteur der *Bild-Zeitung*, Nikolaus Blome, der meinungsstarke ehemalige *Spiegel*-Kolumnist Jan Fleischhauer sowie das Gesicht der Nachrichtensendung RTL-Aktuell, Peter Kloeppel. Auch die Kölner Journalistenschule für Politik und Wirtschaft testet ihre potenziellen Absolvent*innen, zu denen viele weltweit tätige Korrespondent*innen zählen, auf Allgemeinkenntnisse nicht nur im Bereich Politik und Wirtschaft. Wer also Informationen verbreiten möchte, sollte selbst bestmöglich informiert sein. Das eigene Wissen ist die Basis zur Einordnung von Wissen und Nachrichten.

Die Journalistenschulen sind nicht die einzigen Kaderschmieden, die bei ihrer Kandidatenauslese die Aus-

---

23 Wie lautet der altgriechische Begriff für eine Gemäldesammlung, die in München als »Neue X«, »Alte X« und »X der Moderne« zu besuchen ist?

24 Das Gemälde »Der rote Weinberg« ist vermutlich das einzige Werk, das welcher Künstler zu Lebzeiten verkaufen konnte?

25 Kalk, Nippes und Zollstock sind Stadtteile welcher deutschen Millionenstadt?

26 Welches ist die flächenmäßig kleinste Landeshauptstadt Deutschlands?

bildungswürdigkeit der Bewerber*innen auch vom Allgemeinwissen abhängig machen. Es folgen drei Beispielfragen aus einem weiteren realen Allgemeinwissenstest: Schauen Sie mal, wie Sie abschneiden würden. Wer wird wohl mit diesen Fragen seine Bewerber testen?

1. Was wird mit dem Emotikon »^_^« ausgedrückt?
    a) Lächeln,
    b) Langeweile,
    c) Ärger,
    d) Scham.

2. Im Frühsommer 2013 machten Beluga, Karlena, Melina und Valisa kurzzeitig Schlagzeilen in den Wirtschaftsnachrichten. Es handelt sich um
    a) Maissorten,
    b) Rapssorten,
    c) Kartoffelsorten,
    d) Kaviarsorten.

3. Ergänzen Sie die Reihe: »Puhdys = Oranienburg«, »Die toten Hosen = Düsseldorf«, »Karat = Berlin«, »Scorpions = »
    a) München,
    b) Köln,
    c) Flensburg,
    d) Hannover.

Diese drei Fragen stammen aus dem Eignungstest des

Auswärtigen Amtes. Wenn Sie Deutschland in diplomatischer Funktion in der Welt vertreten wollen, sollten Sie auch wissen, dass »^_^« für ein Lächeln steht, Beluga nicht nur eine Kaviar-, sondern auch eine Kartoffelsorte ist und die Scorpions aus der niedersächsischen Landeshauptstadt Hannover stammen. Natürlich besteht der Großteil des Tests aus Fragen zu Politik, Geschichte, Geografie und Wirtschaft, und auch andere Fähigkeiten wie Sprachkenntnisse stehen hier im Fokus. Dennoch wird auch erwartet, dass man sich mit deutscher Rockmusik auskennt.

Die elitären Ausbildungsstätten sind jedoch beileibe nicht die einzigen Arbeitgeber, die sich von zukünftigen Mitarbeiter*innen ein gewisses Maß an Allgemeinbildung erhoffen. Laut Christian Püttjer und Uwe Schnierda, Autoren eines Handbuchs über Einstellungstests, sind auch in Assessment-Centern und bei Vorstellungsgesprächen Fragen wie: »Wie lange braucht das Licht von der Sonne zur Erde?«, »Wie hoch ist derzeit die Bevölkerungszahl der Europäischen Union?« oder »An welcher Stelle der protokollarischen Rangfolge Deutschlands steht der Bundeskanzler?« durchaus üblich, ganz unabhängig davon, ob im Rahmen der zukünftigen Tätigkeit die korrekten Antworten auf diese Fragen je notwendig sein werden. Wer sich gut auskennt, der verfügt auch über Neugier und ist vielseitig. Es ist zudem ein Schutz vor dem sogenannten »EDEKA-Effekt«, denn peinliche Offenbarungen von Wissenslücken können im schlimmsten Fall das »Ende DEr KArriere« einleiten. Wer den Bundeskanzler für das

Staatsoberhaupt Deutschlands hält, der wird womöglich mehr ernten als ein leicht verächtliches Stirnrunzeln.

Bewerber*innen müssen sich solchen Wissensfragen nicht nur in persönlichen Bewerbungsgesprächen stellen, sondern werden von Unternehmen auch mit einem wissenschaftlich geeichten Test geprüft, in Deutschland vornehmlich mit dem »Bochumer Wissenstest«, dem BOWIT. Entwickelt wurde dieser vom Wirtschaftspsychologen Dr. Rüdiger Hossiep, der selbst als ehemaliger Personalberater und leitender Betriebspsychologe bei der Deutschen Bank über umfangreiche Praxiserfahrungen verfügt. Der BOWIT besteht ausschließlich aus Multiple-Choice-Fragen, die neben den üblichen vier Antwortmöglichkeiten noch die fünfte Option bereithalten, dass keine der Antworten korrekt ist. Eine Beispielaufgabe lautet:

Wo wurde 1863 die erste U-Bahn der Welt in Betrieb genommen?
a) Chicago,
b) Paris,
c) Berlin,
d) New York,
e) keine der Antwort-Alternativen trifft zu.

In diesem Fall wäre e) die korrekte Antwort, denn in der englischen Hauptstadt London beförderte erstmals eine Bahn mit Regelbetrieb unter der Stadtoberfläche Passagiere. Die Einführung dieser fünften Antwortoption erhöht natürlich die Aussagekraft der Ergebnisse, da sie Wissen belohnt und Rateglück verringert.

Dass keine Wissensfragen ohne Antwortmöglichkeiten gestellt werden, so wie es bei Quizmeisterschaften üblich ist, hat vorrangig ökonomische Gründe. Der Test ist mit ausschließlich Multiple-Choice-Fragen wesentlich besser standardisiert durchführbar, und, da man mehr Tests so durchführen und auch eindeutiger zwischen falschen und richtigen Antworten unterscheiden konnte, wurde so auch die Messgenauigkeit erhöht.

Die Fragen erstrecken sich über folgende zehn Themengebiete:
Biologie/Chemie
Ernährung/Bewegung/Gesundheit
Geografie/Verkehr
Gesellschaft/Zeitgeschehen/Politik
Geschichte/Archäologie
Mathematik/Physik
Philosophie/Religion
Sprache/Literatur
Technik/EDV
Wirtschaft/Recht.

Die Zusammenstellung orientiert sich an verbreiteten Lehrplänen. Popkulturelles Wissen (Musik, Sport oder Film und Fernsehen) wird nicht abgefragt. Zudem sind die Fragen generell zeitlos gehalten, das bedeutet, man wird nicht wie bei den Aufnahmetests der Journalistenschulen nach aktuellen politischen Debatten oder dem Stand des DAX gefragt. Auch dies ist auf die Vergleichbarkeit der Ergebnisse zurückzuführen.

Der BOWIT ermöglicht es Unternehmen, auf vielfach getestete Fragen zurückzugreifen, um so die Fähigkeiten seiner Bewerber*innen gut einordnen zu können. Ein in Deutschland nahezu konkurrenzloses Testinstrument. Dennoch kommt der BOWIT hier noch relativ selten zum Einsatz. Hossiep führt das zurück auf die grundsätzlich geringe Verbreitung psychometrischer Tests hierzulande. Die Bundesrepublik sei diesbezüglich eher ein Entwicklungsland, das würden auch groß angelegte Vergleichsstudien belegen, bei denen Deutschland regelmäßig auf den letzten Plätzen lande. Darüber hinaus bestehe bei vielen Verantwortlichen noch die Illusion, im Gespräch anhand einiger stichprobenhafter Fragen ein verlässliches Bild generieren zu können. Eine Fehlannahme, denn die Personalleitung gehört eher zu den Leichtgewichten im Machtgefüge eines Unternehmens. Ein Mehreinsatz objektiver Bewertungskriterien würde potenziell auch langfristig zu Mehreinnahmen führen. Das Allgemeinwissen der Bewerber*innen spiegelt ja nicht nur einen allgemeinen Wissensstand wider, sondern ist auch ein Indikator für Lernbereitschaft und die Offenheit für neue Erfahrungen. Im Gegensatz zu manchen auf Vokabeltests fußenden Schulnoten ist das Ergebnis eines Allgemeinwissenstests aufgrund der Breite des abgefragten Stoffes kein Ergebnis von Bulimie-Lernen.

6

Allgemeinwissen braucht Zeit

»Du kannst dir ja (sowieso) alles merken!« – diesen Satz habe ich (zu) oft gehört. Was vielleicht aufs Erste schmeichelhaft erscheint, ist oft schon fast vorwurfsvoll gemeint. Es komme einer Wettbewerbsverzerrung gleich. Mit meinem Elefantengedächtnis hätte ich ja auch einen immensen Vorteil beim Lernen. Es sei einfach gemacht für Quizze.

Dabei vergesse doch auch ich ständig etwas: Wo habe ich noch einmal den Schlüssel hingelegt? Aus Faulheit schreibe ich keinen Einkaufszettel, und dann sieht der Einkaufskorb eben dann nicht immer so aus, wie ich es mir vor dem Einkauf gewünscht hätte. Wie kann mein Hirn da anders sein? Bis heute weiß ich nicht, ob es nun tatsächlich größere Unterschiede zum Durchschnittshirn gibt, untersucht worden bin ich jedenfalls bisher noch nicht.

Allerdings gibt es eine Studie, die 2019 vom Bochumer Biopsychologen Erhan Genc veröffentlicht wurde und eine Antwort auf diese Frage geben kann. Der junge Wissenschaftler untersuchte mit seinem Team, ob es einen Unterschied gibt zwischen Gehirnen von Menschen mit sehr guter Allgemeinbildung und Gehirnen von Menschen, die über geringere Wissenskenntnisse verfügen. Dazu wurde zunächst das Allgemeinwissen von 324 Frauen und Männern mit dem Bochumer Wissenstest erfasst. Anschließend wurden die Gehirne der Probanden mithilfe einer besonderen Variante der Magnetresonanztomografie (MRT) untersucht, einem bildgebenden Verfahren, das Diffusionsbewegung von Wassermolekülen in Körpergewebe misst und räumlich auflöst. So kann man die Nervenfasern und ihre gegenseitigen Verbindungen im Gehirn überprüfen und Erkenntnisse über die strukturellen Netzwerkeigenschaften gewinnen.

Das Ergebnis: Gehirne von Menschen mit hoher Allgemeinbildung verfügen über eine effizientere Vernetzung der Nervenzellen und Hirnareale. Das wiederum erleichtert sowohl das Abspeichern als auch das Abrufen von Wissen, denn, so die Vermutung, einzelne Wissensinhalte werden als Teilinformationen an verschiedenen Bereichen im Gehirn abgespeichert. Keinen Zusammenhang fanden die Wissenschaftler der Ruhr-Universität Bochum allerdings zwischen dem Level an Allgemeinbildung und der Anzahl der Neuronen. Mehr graue Zellen zu haben bedeutet also keineswegs, über mehr Wissen verfügen zu können.

Die Antwort auf die klassische Frage »Nature versus Nurture«, also zwischen dem, was angeboren ist, und dem, was sich erst im Laufe eines Lebens entwickelt hat, steht auch hier noch aus. Was ist entscheidend – unser Verhalten und unser Umfeld oder unsere genetischen Voraussetzungen? Ist die bessere Vernetzung des Gehirns nun eine Folge des erfolgreichen Lernens und der Aneignung von Allgemeinwissen? Oder kann Allgemeinwissen besser aufgebaut werden, weil das Gehirn eine bessere Grundlage durch die effizientere Vernetzung bildet? Vollständig wird man das wohl nicht klären können.

Die Vermutung liegt allerdings nahe, dass man mit gezieltem Wissensaufbau die Struktur seines Gehirns positiv beeinflussen kann. Wer erfolgreich gelernt hat, lernt erfolgreicher. Natürlich sind Folgestudien notwendig, um hier Gewissheit zu haben. Seit über hundert Jahren versuchen Psycholog*innen, mit verschiedenen standardisierten IQ-Tests die Intelligenz in ein Maß zu fassen. Trotz aller Forschung steht eine allgemeingültige Definition von Intelligenz bis heute aus. Weitverbreitet ist zumindest eine ursprünglich auf den US-amerikanischen Psychologen Raymond Cattell zurückgehende Grundannahme, dass Intelligenz aus zwei Grundkomponenten besteht: der fluiden und der kristallinen Intelligenz. Fluide Intelligenz ist die Fähigkeit, Problemstellungen zu lösen und logische Schlussfolgerungen zu ziehen. Getestet wird die fluide Intelligenz beispielsweise mit dem Online-IQ-Test des Hochbegabtenvereins Mensa e.V.

Vervollständigen Sie die Reihe mit der nächsten logischen Zahl.

a) 1, 3, 6, 10, …?
b) 8, 6, 7, 5, 6, 4, …?
c) 3968, 63, 8, 3, …?

Neben diesen Zahlenreihen gibt es weitere Rätsel, bei

denen man Symbol- oder Wortreihen logisch erweitern muss. Korrekte Lösungen sind übrigens:

a) 15 (+2, +3, +4, etc.),

b) 5 (−2, +1, −2, +1, etc.),

und c) 2 (die Zahl wird zum Quadrat genommen und eine 1 abgezogen).

Diese grundlegenden Denkprozesse sollten weitgehend unabhängig von Erfahrungen sein, in denen logisches und abstraktes Denken sowie das Erkennen von Mustern im Zentrum stehen.

Kristalline Intelligenz bezeichnet im Gegensatz dazu die Fähigkeit, explizit erlernte Fertigkeiten und erworbenes Wissen anzuwenden. Diese Form der Intelligenz spiegelt also die Gesamtheit des Wissens wider, das wir uns im Laufe unseres Lebens angeeignet haben und das wir abrufen und zur Problemlösung nutzen können. Sprich: Kristalline Intelligenz hängt also direkt mit unserem Allgemeinwissen zusammen. Umso erstaunlicher ist, dass Studien und Messungen zur kristallinen Intelligenz äußerst rar sind. Neben BOWIT gibt es nur noch einige wenige mir bekannte akademische Tests. Das mag u. a. darin begründet sein, dass die Bewertung kristalliner Intelligenz immer kulturgebunden ist. Deutsche Allgemeinbildung unterscheidet sich natürlich inhaltlich grundlegend von dem, was in den USA, in Japan oder Russland unter Allgemeinbildung verstanden wird. Und bei Forschung, die so verknüpft ist mit der eigenen Kultur und Sprache, ist dann auch der internationale wissenschaftliche Austausch schwieriger. Desgleichen lassen sich Forschungsergebnisse nicht verallgemeinern. Trotzdem muss diese stiefmütterliche Behandlung überraschen, denn im Gegensatz zu fluider Intelligenz ist die kristalline Form nachweislich formbar! Indem wir uns Wissen aneignen, unseren Wortschatz erweitern und Fertigkeiten erlernen, können wir unsere Intelligenz steigern. Diese Schieflage erscheint im Lichte der neuen Erkenntnisse aus Bochum – hohe kristalline Intelligenz im Gehirn korrespondiert mit einer effizienten Verknüpfung von Nervenfasern unterschiedlicher Hirnbereiche – umso augenfälliger. Und selbst wenn das Henne-Ei-Problem noch nicht gelöst ist, so kann doch stark davon ausgegangen werden, dass wir unsere Hirnstruktur mit bewussten Lernprozessen nachhaltig positiv beeinflussen können. Übung macht schließlich den Meister.

Ich gehöre allerdings nicht zu den »Tschakka, du schaffst das!«-Typen, die Ihnen weismachen möchten, dass Sie alles erreichen können, wenn Sie nur daran glauben (und für Tausende von Euros Seminare bei Mr Tschakka buchen, um dort um die Wette zu hüpfen und zu brüllen). So kann nicht jede*r Wissens-Weltmeister*in werden, pro Jahr schafft das logischerweise nur eine Person, und ich bin es auch (noch) nicht geworden. Trotz umfangreicher Bildungsmaßnahmen trennen mich noch Bücherregal-äquivalente Wissensdosen von den weltbesten Quizzern.

Ob sich das in Zukunft ändern lässt? Die Konkurrenz schläft ja nicht und bildet sich kontinuierlich ebenso weiter. Mein Lebensziel Nr. 1 ist das allerdings auch nicht. Mit gewissen Dingen werde ich mich auch in Zukunft noch schwertun. Bis heute habe ich beispielsweise Probleme damit, Blumen richtig zu benennen. Vielleicht trage ich deshalb so gerne Hemden mit Blumenmustern. Die bewusste Beschäftigung damit hat zumindest Teilerfolge gebracht. Ich ging auf Titanwurz-Suche im Botanischen Garten und bin mehrmals mit meiner geliebten Großmutter die Blumenbeete ihres Schrebergartens abgelaufen. Immerhin kann ich jetzt Dahlien, ihre Lieblingsblumen, von Chrysanthemen unterscheiden, die meine Mutter vorzieht. Dennoch wird aus mir sicherlich kein Alexander von Humboldt mehr.

Da eine Verbesserung des Allgemeinwissens nur möglich ist, wenn man dafür bewusst Zeit investiert, werde ich oft gefragt, wie viel ich dafür täglich aufwende. Wer sich nun konkrete Zahlen erhofft, den muss ich leider enttäuschen. Ich weiß es schlicht und ergreifend nicht. Wissenserweiternde Aktivitäten nehmen natürlich einen großen Raum in meinem Leben ein. Doch einen konkreten »Trainingsplan« wie an der Schule oder an der Universität habe ich nicht. Ich pauke nicht um 10 Uhr die Elemente des Periodensystems, ab 13 Uhr die Geschichte Südamerikas im 19. Jahrhundert und am späten Nachmittag alle Währungen der Welt. Das wäre überhaupt nicht mein Ding.

Und ja, natürlich habe ich schon sehr viel Zeit meines Lebens in Allgemeinbildung investiert, Wissen muss man sich schließlich erarbeiten, das kann man sich nicht injizieren. U. a. habe ich viele Tausend Quizfragen geschrieben und sicherlich auch schon an Tausenden Quizrunden teilgenommen, eine wunderbare

Trainingsgrundlage, um Wissen zu erweitern und zu testen. Allerdings ersetzt das nicht die Bildungsaufnahme über klassische Quellen und Medien. Aber anders als Profisportler, Profimusiker oder auch Profischachspieler kann ich keine Übungsdaten nennen. Sportler*innen absolvieren bestimmte tägliche Trainingseinheiten und können sie wöchentlich beziffern. Wenn man Wissen in allen Lagen und in unzähligen Formen aufsaugen kann, dann ist eine vergleichbare Taxierung unmöglich.

Sicher ist aber, dass ich schon mehr als zehntausend Stunden in meine Bildung investiert habe. Das ist die magische Zahl, die der kanadische Journalist und Bestsellerautor Malcolm Gladwell in seinem 2009 erschienenen Buch »Überflieger: Warum manche Menschen erfolgreich sind – und andere nicht« genannt hat. Neben offensichtlichem Talent brauche man, so seine These, diese Zeit, um Meister seines Faches zu werden. Eine fantastische Idee reiche genauso wenig wie hervorragende genetische Voraussetzungen.

In der Tat gibt es zahlreiche Beispiele, dass etwas an der »10 000-Stunden-Regel« dran sein könnte. Ikonen wie Cristiano Ronaldo und Kobe Bryant waren oft die Ersten und die Letzten auf dem Trainingsfeld. Die bei einem Helikopterabsturz verunglückte Legende der Los Angeles Lakers war dafür bekannt, bereits Stunden vor dem eigentlichen Training oder den Spielen alleine die Basics des Basketballsports zu trainieren, und verblieb sogar gelegentlich nach den Spielen in der Halle, um seinen Freiwurf zu optimieren. Es ist nicht verwunderlich, dass solche physischen Höchstleistungen nur mit umfangreichem Training erzielbar sind. Aber auch musisches und geistiges Können gehen in großen Maßen auf intensives Üben zurück.

Doch die von Gladwell postulierte Zahl ist auch in die Kritik geraten, u. a. durch den US-Psychologen Anders Ericsson, auf dessen Forschung sich Gladwells Behauptungen maßgeblich stützen. In den Neunzigerjahren hatte er eine Studie mit Berliner Berufsmusiker*innen durchgeführt. Dabei konnte er wissenschaftlich nachweisen, dass es einen klaren Zusammenhang gibt zwischen der Spiel- und Übungszeit der Musiker*innen und ihren Erfolgen. Je mehr sie übten, desto höhere Chancen hatten sie, eine fabelhafte Karriere zu machen. Die magische Zahl von 10 000 Stunden sucht man in der wissenschaftlichen Arbeit vergebens. Mehr als eine Daumenregel ist die Zahl auch nicht und eine hinreichende Garantie für Erfolg schon gar nicht. Ich könnte auch zehntausend Stunden Gesang üben und würde trotzdem nicht alle Töne treffen. Auf Basis einer jüngeren Metastudie wird davon ausgegangen, dass der Einfluss von Übung auf 12 Prozent des Erfolges bezifferbar ist, allerdings unterscheidet sich das von Berufsgruppe zu Berufsgruppe. Ein viel geringerer Wert also, aber dennoch: Ohne Fleiß kein Preis. Das trifft eben auch auf die Allgemeinbildung zu. Man muss sie sich, wie gesagt, erarbeiten – erlesen, erhören, ersehen, wie auch immer Sie am liebsten lernen. Es braucht Zeit.

LERNEN WILL GELERNT SEIN – WIE WISSENSAUFBAU GELINGT UND SPASS MACHT

1

Ich bin das, was ich weiß!

Dass ausgerechnet ich vor einem Millionenpublikum im Fernsehen auftrete, damit hätte niemand in meiner Kindheit gerechnet. Ich war schüchtern, unsicher und menschenscheu. Ein schmächtiges und introvertiertes Kind mit geringem Selbstbewusstsein, das lieber zu Hause bei Mama blieb, als mit anderen Kindern auf dem Spielplatz herumzutoben. Was ist passiert?

Meine erste Quelle der Anerkennung war, dass ich richtige Antworten parat hatte. Der blasse, dünne Junge wurde plötzlich für andere Kinder sichtbar. Natürlich brauchte es jemanden, der Fragen stellte und einen Rahmen bot, in dem die Antworten gehört wurden. Dieser Rahmen war die Schule. Trotzdem war ich kein Überflieger. Lesen machte mir in den ersten Schuljahren weniger Spaß, dafür konnte ich in Gebieten brillieren, die mich schon früh interessierten. Das waren Geografie, Mathematik und Sport, also Letzteres zugegeben eher theoretisch. Ich kannte schon vor meiner Einschulung die Länder der Welt mit ihren Hauptstädten und Flaggen und konnte das große Einmaleins aus dem Effeff. Auf dem Schulhof beeindruckte ich meine Klassenkameraden mit Fußballergebnissen und -statistiken.

Ich war die Person, die »alles wusste« – das war meine Rolle im sozialen Umfeld. Natürlich wusste ich nicht alles. Aber ich konnte immerhin einige, für Grundschüler untypische Fakten wie die Namen der deutschen Bundeskanzler und Bundespräsidenten aufzählen, ich hatte dieses Wissen nebenher aufgeschnappt, beim Fernsehen und dank der Zwei-DM-Münzen. Im Klassenzimmer reichte das für den Stempel des »Alleswissers« aus, den ich dann in meiner ganzen Schulkarriere nicht mehr losbekam, wie Abibucheinträge à la »Das wandelnde Lexikon« oder »Don't ask Google – frag Basti« bestätigen. Dieses soziale Sichtbarwerden war für mich eine starke Triebfeder. Dieser Rolle wollte ich unbedingt gerecht werden.

Das bedeutete jedoch nicht, dass ich mich damals zu Hause hinsetzte und alles, was mir in die Hände kam, stupide auswendig lernte. So langweilig wurde mein Leben erfreulicherweise nicht, und so spannend schien der Brockhaus auch nicht zu sein, es gab ihn ja nicht einmal bei uns zu Hause, und einen Internetzugang hatten wir damals sowieso noch nicht. Aber ich hatte den Ehrgeiz, Fragen richtig beantworten zu können. Wenn ich keine korrekte Antwort wusste, dann musste ich dem nachgehen. Etwas nicht zu wissen passte weder in mein Selbstverständnis noch in das Bild, das andere von mir zeichneten.

Insofern ist meine Entwicklung auch eine Art selbst erfüllende Prophezeiung. Ob diese in einen Teufels- oder Engelskreis mündet, liegt an einem selbst. Wenn Sie von sich denken, »Ach, ich kann mir das sowieso nicht merken« oder »Ich war schon immer schlecht in Geografie, und das wissen ja alle«, dann ist die Wahrscheinlichkeit auch hoch, dass das so sein wird. Emotionen, gelegentlich auch Ärger, sind zwar für erfolgreiches Lernen essenziell, aber eben kontraproduktiv, wenn man das Gefühl hat, etwas nicht zu können. Identität formt die Wirklichkeit.

Besser ist es, wenn Sie den Anspruch haben, über ein bestimmtes Niveau an Wissen zu verfügen. Dann werden Sie nämlich die richtigen Schlüsse ziehen und entsprechend handeln. Wenn Sie also in den Nachrichten den Namen des südamerikanischen Staates Ecuador vernehmen, dann sollten Sie sich selbst testen: Was kann ich eigentlich zu diesem Land sagen? Wie heißt die Hauptstadt? An welchem Ozean liegt Ecuador? Woher kommt der Name des Landes? Diese Fragen sind möglicherweise der Anfang, sich intensiver mit Ecuador zu beschäftigen. Sie werden dann darauf stoßen, dass die Galapagos-Inseln zum Pazifikanrainerstaat gehören; dass Ecuador wie zwölf andere Staaten am Äquator liegt, daher auch der Name, und im Gegensatz übrigens zum afrikanischen Staat Äquatorialguinea, der mehr als 150 Kilometer südlicher gelegen ist. Die Altstadt der Hauptstadt Quito wurde zusammen mit dem Aachener Dom 1978 in der ersten Aufnahmerunde der UNESCO in die Liste der Welterbestätten eingetragen.

Wenn man sein Allgemeinwissen steigern will, dann empfiehlt es sich, regelmäßig Selbstbefragungen durchzuführen. Auch ohne Anlass sich einfach fragen: Was glaube ich zu wissen? Und dann überprüfen, ob es stimmt. Kann ich – als Filmfan – fünf Filme von Martin Scorsese, Alfred Hitchcock und Werner Herzog aus dem Stegreif mit den dazugehörigen Hauptdarsteller*innen benennen?

Nehmen Sie auch Begriffe, die in den Medien oder in Gesprächen fallen, zum Anlass. Wenn Ihre Kollegin vom letzten »Tatort« schwärmt, fragen Sie sich: Welche sonntags im Ersten ermittelnden Schauspieler*innen kennen Sie eigentlich? Wenn die Tagesschau über den französischen Präsidenten Emmanuel Macron berichtet, fragen Sie sich, ob Sie seine drei Vorgänger benennen können.[27] Sie werden immer wieder erstaunt sein, wie löchrig unser Wissen ist. Das geht mir ständig so. Aber erst diese Erkenntnis ermöglicht uns, die Lücken zu stopfen. »Ich weiß, was ich nicht weiß« ist der Anfang, jeden individuellen Wissensschatz zu erweitern.

Wenn man sich allerdings zu den Personen zählt, die ja sowieso nicht viel wissen, dann wird man sich solche Fragen erst gar nicht stellen, nicht nach Antworten suchen, sein Wissen nicht erweitern und somit auch in Zukunft keine richtigen Antworten geben können. Entscheidend aber ist, dass Sie ehrlich zu sich sind. Ein »Ach, das weiß ich ja, komme nur nicht drauf« offenbart eher eine Wissenslücke, als dass abrufbare Informationen vorhanden sind, denn Sie wissen es schließlich in diesem Moment nicht. Ich erlebe immer wieder, wie sich Menschen selbst belügen. Mit der Folge, dass sie es beim nächsten Mal natürlich wieder nicht wissen. Auch ich kann mich davon nicht gänzlich freisprechen. Bei

---

27 Der französische Präsident von Amts wegen ist auch Co-Fürst von welchem europäischen Staat?

der nächsten Fernsehfolge oder der nächsten Quizmeisterschaft erhalte ich dann aber sofort die Quittung.

So gaukelte ich mir etwa vor, das Sonnensystem gut zu kennen, obwohl ich mich viele Monate überhaupt nicht damit beschäftigt hatte, um dann den Saturn-Mond Titan mit dem größten Uranus-Mond Titania zu verwechseln. Desgleichen vermutete ich den Asteroidengürtel zwischen Jupiter und Saturn, dabei befindet er sich zwischen Mars und Jupiter. Das Sonnensystem gehört doch zum Standardrepertoire, das habe ich schon drauf, dachte ich, bis ich mit dem eigenen Halbwissen gescheitert bin. Hätte ich mich meinen Schwächen gestellt, wäre es besser für mich gelaufen.

Empfehlenswert ist zudem, eine Suche nach der richtigen Antwort erst dann auf Google zu verlagern, wenn sie einem überhaupt nicht einfallen will. Denn auch das Abrufen von Informationen im eigenen Schädel ist eine Frage der Übung. Abgespeicherte Informationen können verborgen bleiben, obwohl wir »es eigentlich ja wissen«, wenn wir nicht gelernt und geübt haben, sie hervorzuholen. Dieses Hervorholen ist wie eine Wiederholung, und genau das festigt unser Wissen – übrigens dann besonders effektiv, wenn die Erinnerung herausfordernd war.

Grundsätzlich habe ich mir angewöhnt, mich stets vorm Zubettgehen zu fragen, was ich tagsüber gelernt habe. Eine Gewohnheit, die schon den einen oder anderen interessanten Fakt und Gedanken vor dem Vergessen gerettet hat. Entweder schaue ich dann noch einmal auf Notizen, die ich am Tag gemacht habe, oder ich komme dann erst dazu, etwas niederzuschreiben. Oder ich stelle fest, dass der Tag bisher vergleichsweise erkenntnisfrei geblieben ist, und wenn das so ist, dann mache ich mich noch einmal auf Fakten- und Erkenntnissuche. Die innere Unruhe, die aufkommt, vergeht erst, wenn der Wissensdurst gestillt worden ist und ich zufrieden einschlafen kann. »Carpe factum« – nutze jeden Tag, um etwas Neues dazuzulernen.

Jegliches faktische Wissen, über das wir verfügen, ist ein Ergebnis eines Lernprozesses, auf den wir häufig Zeit und Kraft verwendet haben. Unsere Kenntnisse sind nicht auf wundersame Weise vom Himmel gefallen. Wenn wir auch nicht immer ganz bewusst etwas gelernt haben, so stand doch in irgendeiner Weise eine Zeit- und Aufmerksamkeitsinvestition dahinter. Oftmals vergessen wir auch die Mühen, die man aufbringen muss, um sich Wissen anzueignen.

2

Sprachliche Schubladen

»Die Grenzen meiner Sprache bedeuten die Grenzen meiner Welt«, so lautet ein Kernsatz des bedeutenden Philosophen Ludwig Wittgenstein, zu finden in seinem Hauptwerk »Tractatus logico-philosophicus«, das vor etwa hundert Jahren erstmals veröffentlicht wurde. Was der Mensch nicht sprachlich formen und ausdrücken könne, das könne er auch nicht denken. Sprache sei mehr als ein reines Kommunikationsmittel, sie sei die Grundlage unseres Denkens, das die Grenzen unseres Geistes markiere und definiere. Eine radikale und nicht unumstrittene Aussage, die mit Wilhelm von Humboldt namhafte Vorläufer vorzuweisen hat. Dieser etwa schrieb bereits im 19. Jahrhundert, dass Sprache nicht nur ein »bloßes Verständigungsmittel« sei, sondern »der Abdruck des Geistes und der Weltansicht des Redenden«. Eine Annahme, die auch Unterstützung aus der Linguistik erfährt: So werden der Sapir-Whorf-Hypothese zufolge gewisse Gedanken und Ideen, die in einer Sprache geäußert werden, in einer anderen Sprache gar nicht verstanden. Die Wahrnehmung unserer Umwelt sei abhängig von unserer Sprache und der Möglichkeit der verbalen Interpretation. Inwieweit und in welchem Ausmaß das tatsächlich zutrifft, ist bis heute Gegenstand eines zum Teil hitzig geführten wissenschaftlichen

Schlagabtausches. Denn auch sprachlich nicht konkret fixierbare Erfahrungen und Emotionen lassen sich wahrnehmen und wirken sich schließlich auch auf unsere Denkmuster aus. Eines jedoch lässt sich wohl kaum mehr leugnen: Unsere Sprache beeinflusst unsere Denkprozesse sowohl generell als auch ganz konkret.

Ein differenziertes Sprachvermögen und ein breiter Wortschatz sind daher wichtige Voraussetzungen für effektives Lernen. Wenn ich etwas benennen kann, einer abstrakten Kategorie zuordnen, aber auch konkret zuweisen kann, dann kann ich es auch besser im Gehirn abspeichern. Fehlt die Möglichkeit, wird auch die Memorierung erschwert. Auch visuelle Eindrücke verbalisieren wir, um sie abzuspeichern. Ein fotografisches Gedächtnis, wie viele fälschlicherweise meinen, existiert gar nicht.

Neueste Erkenntnisse legen den Schluss nahe, dass unsere Muttersprache einen Einfluss darauf hat, an welche Informationen wir uns besser erinnern können. Entscheidend ist dabei die sogenannte Verzweigungsrichtung. Europäische Sprachen wie Deutsch, Englisch, Französisch, Spanisch oder Italienisch zählen zu den vornehmlich rechtsverzweigten Sprachen. Bei diesen steht in der Regel der Satzkopf am Anfang, auf ihn folgen zusätzliche, erläuternde Informationen – zum Beispiel: Das interessante Buch, das jetzt im Handel erhältlich ist. Im Gegensatz dazu beginnen Linksverzweigungssprachen wie Japanisch und Türkisch mit Zusatzinformationen. Das lautet dann so: Jetzt im Handel erhältlich ist das interessante Buch.

Japaner*innen und Türk*innen können sich besser an den Satzanfang erinnern. Das liegt daran, so vermutet man, dass das Verständnis eines Satzes sehr stark davon abhängt, sich die Informationen vom Satzanfang bis zum Ende merken zu können. Muttersprachler reiner rechtsverzweigter Sprachen wie Arabisch und Indonesisch erinnern sich im Gegensatz dazu besser an Informationseinheiten, die am Ende erscheinen. So hat sogar die Syntax der Muttersprache einen Effekt auf unsere Lernfähigkeit und Gedächtnisleistung.

In einer klassischen Studie aus den 1960er-Jahren wurde Proband*innen eine Reihe von Konsonanten vorgelegt, die sie sich einprägen sollten, ż.B. f, g, b, l und h. Bei der Wiederholung der Buchstabenreihe stellten die Wissenschaftler*innen fest, dass auftretende Fehler nicht zufällig, sondern systematischer Natur waren. So nannten Studienteilnehmende oftmals ähnlich klingende Buchstaben anstatt des eigentlich vorgegebenen, ersetzten also beispielsweise ein p mit einem b. Ein Beweis dafür, dass wir Informationen verbal und akustisch verarbeiten und nicht visuell. Unsere Muttersprache werden wir ebenso wenig ändern können wie gewisse grundlegende Informationsverarbeitungsmuster. Diese Forschungsergebnisse illustrieren jedoch die Bedeutung von Sprache auf unser Denken und unsere Merkfähigkeit.

»Wovon man nicht sprechen kann, darüber muss man schweigen« – um noch einmal den großen österreichischen Philosophen Ludwig Wittgenstein zu zitieren. Und mit diesem Schweigen geht eben auch die innerliche Unfähigkeit des Erinnerns einher. Erweitern Sie aktiv und bewusst Ihren Wortschatz, lesen Sie herausfordernde Texte. Je breiter wir sprachlich aufgestellt sind, desto differenzierter nehmen wir unsere Umwelt wahr, in all ihren Nuancen und Facetten. Wer eine neue Brille bekommt, kennt sicher das Gefühl, die Welt plötzlich klarer wahrnehmen zu können. Die einzelnen Blätter der Bäume sind wieder erkennbar, die Uhrzeit an der Bushaltestelle schon von Weitem sichtbar. Diese Veränderung der Scharf- und Weitsichten tritt auch beim Denken ein, wenn wir unsere Begriffsvielfalt erweitern.

Wenn Sie ein bestimmtes Wort nicht verstehen, schlagen Sie in einem Lexikon nach oder googeln Sie. Ich habe mir schon vor Jahren angewöhnt, nach Synonymen oder einer Definition für Wörter oder Begriffe zu suchen, die mir nicht hundertprozentig klar sind. Und wenn mir das dann nicht gelingt, ziehe ich die entsprechenden Hilfsmittel zurate.

Sinnvoll ist es auch, Personen, Dingen und Begriffen aktiv passende Merkmale, Mengen und Kategorien zuzuordnen und sie sich so bewusst zu machen. Je differenzierter wir zuordnen können, desto vielschichtiger und damit auch einprägsamer wirken Personen und Dinge auf uns. Schreiben Sie dafür einfach mal alles auf, was Sie zu bestimmten Personen und Dingen wissen, oder ergoogeln Sie relevante Informationen, um etwas einzuordnen.

Wir haben die räumliche und die zeitliche Achse, um Informationen zu ordnen und in Relation zu setzen. Je dichter wir diese Achsen besetzt haben, desto einfacher fällt uns die Abspeicherung von weiteren Informationseinheiten. Wenn Sie also ein Ereignis aus dem Jahre 1789 wie die Französische Revolution und aus dem Jahre 1815 wie den Abschluss des Wiener Kongresses benennen können, dann werden Sie sich auch besser merken können, dass sich Napoleon im Jahre 1804 zum Kaiser krönte. Die reine Kenntnis einer spezifischen Jahresangabe gewinnt erst in Relation zu anderen an Leben. Ähnlich verhält es sich mit geografischen Angaben, die Lage von Städten oder Staaten gewinnt dann an Konturen, wenn Sie bereits die Gebiete kennen, die im Westen, Norden, Osten und Süden daran angrenzen. Wissen ist wie ein Netz, je engmaschiger es gestrickt ist, desto eher bleibt etwas Neues hängen, und alles neu Gespeicherte verengt zusätzlich weiter.

3

Wissensgebiete miteinander verknüpfen

Kennen Sie Unterhaching? »Ja, freilich«, werden viele sagen. Nun gut, da mag ein gewisser geografischer Vorteil schon in der Antwort anklingen. Aber selbst die meisten Nordlichter haben kaum Probleme, wenn ich sie mit dieser Frage konfrontiere. Zielsicher verorten Flensburger*innen ihre Mitbürger*innen aus Unterhaching nach Bayern, die meisten können sogar die Antwort präzisieren und sagen, dass die mittelgroße Gemeinde im Süden des Freistaates und in der Nähe der Landeshauptstadt München liegt.

Keine große Leistung? Könnten Sie jedoch genauso gut Obertshausen, Salzkotten oder Norden auf der Landkarte einkreisen? Ich muss gestehen: Ich hätte so meine Probleme damit und könnte nur eine Stadt sicher dem richtigen Bundesland zuordnen. In Unterhaching leben knapp 25 000 Einwohner*innen und damit ungefähr genauso viele Menschen wie in den gerade genannten Städten. Deutschland zählt über 600 Mittelstädte, also Orte mit über 20 000 Einwohner*innen, fast ein Drittel davon liegt, nicht überraschend, im bevölkerungsreichsten Bundesland Nordrhein-Westfalen.

Warum also kennen die meisten Menschen diese oberbayerische Stadt? Die Antwort ist natürlich klar: Es liegt am Fußball! Die SpVgg Unterhaching[28] spielte zwei Bundesligaspielzeiten von 1999 bis 2001 in der obersten deutschen Spielklasse und versetzte damals die Nation ins Staunen. Wie konnte ein so kleiner Sportverein mit international aufgestellten Großunternehmen wie dem BVB[29] oder Schalke 04 mithalten? Immerhin platzierte sich Haching in seiner ersten Bundesligasaison vor den beiden Klubs aus dem Ruhrgebiet, das war eine Sensation. Die Spielvereinigung aus Unterhaching hat sich längst wieder aus dem Oberhaus verabschiedet. Sie spielt zwar nach einem kurzen Intermezzo in der viertklassigen Regionalliga wieder im Profi-Bereich, jedoch in der medial eher nur regional wahrgenommenen 3. Liga. Im kollektiven Gedächtnis ist sie dennoch fest verankert, vor allem seit dem dramatischen Saisonfinale, bei dem der Titeltraum von Michael Ballack, dem ehemaligen Nationalmannschaftskapitän, und seinem zu »Vizekusen« verspotteten Bayer Leverkusen[30] zunichte gemacht wurde und es damit Schützenhilfe dem großen Nachbarn aus München gab.

Das bayerische Fußballmärchen hinterließ nicht nur

28 Welches olympische Sportgerät, mit dem André Lange und Kevin Kuske vier Mal olympisches Gold gewannen, befindet sich im Logo des Klubs?

29 Die SpVgg Unterhaching und Borussia Dortmund sind die beiden einzigen deutschen Fußballklubs, auf die welche wirtschaftliche Besonderheit zutrifft?

30 Leverkusen verdankt seinen Namen dem Chemiker und Unternehmer Carl Leverkus, dessen Fabrikübernahme der Grundstein des Werks welcher weltweit über 100 000 Mitarbeiter*innen beschäftigenden Aktiengesellschaft war?

sichtbare Spuren bei Fußballenthusiast*innen, sondern auch im Gedächtnis einer ganzen Nation. Oder woher sonst wüssten Sie, wo Unterhaching liegt? Ohne Ihnen, aber auch Bürgermeister Wolfgang Panzer und seinen Mitbürger*innen zu nahe zu treten, die Wahrscheinlichkeit, dass Sie diesen Ort kennen, wäre um ein Vielfaches geringer. Im Gegensatz zu seinen Amtskollegen aus Taufkirchen und Neubiberg, den angrenzenden Gemeinden im Landkreis München,[31] muss Wolfgang Panzer selten erklären, wo die Stadt liegt, deren Gemeinde er vorsteht. Wie wohl dank des südlichen Nachbarn auch die Vertreter*innen aus Oberhaching, das gibt es natürlich auch. Und Norden liegt übrigens tatsächlich im Norden. Es ist die viertgrößte Stadt von Ostfriesland.

Unterhaching ist natürlich nur eines von vielen Beispielen. Das 50 000 Einwohner*innen zählende Gummersbach zählt auch dazu, bekannt geworden durch den neunmaligen Deutschen Handballmeister der Herren VfI Gummersbach;[32] ebenso gehören dazu die jeweils zu Großstädten gehörenden Stadtteile Schalke (Gelsenkirchen), Uerdingen (Krefeld) und Wattenscheid (Bochum), deren Traditionsklubs viele Jahre in der Bundesliga ge-

---

31 Welches ehemals im DAX gelistete Medienunternehmen, das zwei deutsche TV-Sender im Namen trägt, hat seinen Sitz in Unterföhring, einer Gemeinde im Landkreis München?

32 Welcher Walrossbartträger konnte mit dem VfI Gummersbach sowohl als Spieler als auch als Trainer die deutsche Meisterschaft gewinnen? Dieses Kunststück gelang ihm bei der Weltmeisterschaft auch mit der deutschen Nationalmannschaft.

spielt haben; aber auch die drei baden-württembergischen Städte Sandhausen, Heidenheim und Sinsheim. Die TSG Hoffenheim (Hoffenheim ist ein Stadtteil von Sinsheim) wird von Dietmar Hopp, dem Gründer des Softwarekonzerns SAP, stark gefördert. Alle drei Städte haben jeweils weniger als 50 000 Einwohner*innen und zusammengenommen sogar weniger als das nicht allzu weit entfernte Reutlingen, das momentan jedoch im direkten Bekanntheitsvergleich das Nachsehen hätte.

Immer wieder überrascht, ja fast schon begeistert bin ich über die Tatsache, wie gut sich viele junge Menschen mit US-amerikanischer Geografie auskennen. Problemlos können sie die meisten der fünfzig US-Bundesstaaten aufzählen[33] oder Cleveland nach Ohio, Minneapolis nach Minnesota und Charlotte nach North Carolina verorten. Nachfragen bestätigten, dass dies häufig nicht auf einen Schüleraustausch, ein Auslandssemester oder einen Roadtrip über die Route 66[34] zurückzuführen ist. Es liegt auch nicht daran, dass sie ständig in den Atlas[35] schauen oder das alles im Geografie-Leistungskurs gelernt haben.

---

33 Welcher erst 1959 in die USA aufgenommene Bundesstaat war früher auch unter dem Namen »Sandwich-Inseln« bekannt? Benannt nach und zu Ehren des 4. Earl of Sandwich.

34 Die heutzutage nicht mehr durchgängig befahrbare Straße begann im kalifornischen Santa Monica und endete in welcher US-Großstadt, die als Geburtsstätte des modernen Wolkenkratzers gilt?

35 Im Atlas kann man im Norden welches Kontinents das Atlasgebirge entdecken?

Die Quelle ihres Wissens liegt auch hier abseits der Geografie: Sie verfolgen die Browns und Cavaliers, Vikings und Timberwolves und die Panthers und Hornets, die ortsansässigen Profimannschaften der National Basketball Association (NBA) und der National Football League (NFL). Gerade Letztere erfreut sich in Deutschland einer immer größer werdenden Beliebtheit, was sich gut an den wachsenden Einschaltquoten ablesen lässt. Das gestiegene Interesse an Touchdowns, Quarterbacks und Superbowls führt also nicht nur zu erhöhter Nachfrage nach Hotdogs, Burgern und Softdrinks,[36] um die Sportabende stilecht begleiten zu können, sondern auch zu einem Mehrwissen. Mehr als nur ein begrüßenswerter Nebeneffekt.

Wir alle haben einen großen Teil unseres Allgemeinwissens solchen Nebeneffekten zu verdanken. Unterbrechen Sie einmal kurz die Lektüre und überlegen Sie, welche das bei Ihnen sein könnten. Schreiben Sie die Beispiele auf. Ich bin mir sicher, dass Sie bei dieser Introspektion auf viel Interessantes stoßen werden. Hier eine kleine Auswahl aus meinen eigenen Erfahrungen.

Ich hatte schon immer ein gewisses Faible für Zahlen. Konkret zogen mich allerdings nur unsere indisch-arabischen Ziffern[37] in den Bann. Dennoch konnte

---

36 Der Name welches Softdrinks geht auf ein Verdauungsenzym zurück, das für den Abbau von Eiweißen im Magen zuständig ist?

37 Der Begriff Ziffer geht auf das arabische »aṣ-ṣifr« zurück und bezeichnet welche Zahl? Wenn man eine Zahl mit der gesuchten potenziert, ist das Ergebnis immer 1.

ich die römischen Zahlen bereits bei meiner Einschulung. Das lag nicht an einem frühreifen Interesse an römischer Geschichte, weder »De bello gallico« noch Theodor Mommsens[38] »Römische Geschichte« waren mir damals ein Begriff. Auch die unterhaltsamen Comics um die sympathischen Gallier Asterix, Obelix und Co. waren nicht der Grund. Ich musste die römischen Ziffern kennen, um meine VHS-Kassetten chronologisch ordnen zu können: Der Titel der wichtigsten Wrestling-Show des Jahres, der World Wrestling Federation (WWF), wurde nicht mit dem Veranstaltungsjahr versehen, sondern fortlaufend mit einer römischen Zahl. Wrestlemania IV kam also vor Wrestlemania VI. Die zwei Jahre, die die beiden Shows trennen, sieht man dem braun gebrannten Hulk Hogan dank seiner »vitaminreichen« Diät auf dem Cover nicht unbedingt an.[39] Also half mir nur die Kenntnis der römischen Zahlen weiter, um die Videokassetten in der richtigen Reihenfolge ins Billy-Regal[40] zu stellen, und vor allem auch

---

38 Welche fast immer jährliche Auszeichnung wurde dem deutschen Historiker 1902 als zweiter Person zugesprochen? Es sollten nach einer Auslegung bis heute noch sieben weitere deutsche Preisträger folgen, zuletzt 2009.

39 Gegen welchen globalen Filmstar, der 2006 vom *People Magazine* zum »Sexiest Man Alive« erklärt wurde und dem 177 Millionen Menschen auf Instagram folgen, verlor Hulk Hogan bei Wrestlemania X8 vor knapp 70 000 Menschen in Toronto?

40 Mit welchem Begriff bezeichnet man in der Verhaltensökonomik den Zuwachs an Wertschätzung, der selbst entworfenen oder zumindest selbst zusammengebauten Gegenständen im

dabei, sie in der richtigen Reihenfolge abzuspielen. Übrigens lernen auch Fans des American Football, wie die alten Römer zu zählen, denn der Superbowl wird ebenfalls mit Cäsars Zahlen versehen.[41] In der Grundschule galt ich dann nur dank meiner Leidenschaft für den amerikanischen Showkampf auch gleich als Experte für die Antike. Immerhin wählte ich in der Oberschule folgerichtig Latein als Leistungskurs. Da möchte noch jemand behaupten, dass der Konsum sich zum Schein prügelnder Kolosse sich negativ auf die Entwicklung eines Heranwachsenden auswirken kann.

Einer meiner Mitschüler und ein langjähriger Sitznachbar von mir gehörte in den ersten Gymnasialjahren eher in die Kategorie Geschichtsmuffel. Warum sollte man auch diese ganzen Könige, Kaiser und Päpste namentlich kennen? Ob nun Heinrich IV. mit Gregor VII. oder doch Heinrich VII. mit Gregor IV. im Clinch lag? Besser in Cabanossi[42] als Canossa investieren. Doch eines Tages nach den Sommerferien wusste er plötzlich, dass der Hundertjährige Krieg zeitlich dem Dreißigjährigen Krieg vorausging und heute eigentlich unter falscher Bezeichnung bekannt ist. Denn tatsächlich zog

---

Vergleich zu fertig gekauften Massenprodukten entgegengebracht wird?

41 Eine Ausnahme bildete 2016 die Jubiläumsausgabe des Superbowl 50 zwischen den Denver Broncos und den Carolina Panthers. Mit welchem lateinischen Buchstaben hätte man ihn versehen müssen?

42 Eine weitere Rohwurst ist die Zervelatwurst, die dem Namen nach welches Körperteil beinhalten sollte?

sich die militärische Auseinandersetzung zwischen den Königreichen England und Frankreich sechzehn Jahre länger hin, als der Name vermuten lässt, im Gegensatz zum Dreißigjährigen Krieg, der 1618 mit dem Prager Fenstersturz begann und 1648 mit dem Westfälischen Frieden endete. Wie war diese plötzliche Leistungsexplosion zu erklären? Welche Bücher hatte er verschlungen? Hatte er den täglichen Konsum von TV-Sendungen wie »King of Queens«[43] und »Dragonball« gegen historische Dokumentationen auf Phoenix oder arte eingetauscht? Oder wurde er von seinen Helikoptereltern zum Nachhilfeunterricht gezwungen?

Nichts von alledem traf zu. Er nahm zwar Nachhilfe, wenn auch auf eher unkonventionelle Weise, gezwungen wurde er definitiv nicht. Es machte Spaß und bisweilen sogar süchtig, denn er lernte im wahrsten Sinne des Wortes spielerisch. Sein Zugang war ein Computerspiel! Genauer gesagt: die Strategiespielereihe »Age of Empires«. Diese PC-Spiele aus den USA gehören mit dreißig Millionen verkauften Exemplaren weltweit zu den absoluten Bestsellern der vergleichsweise noch jungen Geschichte der Computerspiele. Der Wert für die Geschichtsbildung vieler junger Erwachsener ist tatsächlich enorm.

Während viele Strategiespiele zuvor auf Science-Fiction- oder Fantasy-Szenarien basierten, ging es bei

---

43 Queens ist einer der fünf Stadtbezirke von New York City. Welcher weitere der fünf New Yorker Bezirke ist deckungsgleich mit dem Bezirk Kings?

»Age of Empires« um die reale Menschheitsgeschichte. So lernt man nicht nur Wissenswertes über die alten Ägypter und Griechen, sondern die Hochkulturen aus Mesopotamien wie die der Hethiter, Assyrer, Sumerer und Babylonier kennen, erfährt von den ostasiatischen Reichen der Shang-, Yamato- und Chosŏn-Dynastie wie auch dem Großreich der Perser und der Handelsmacht der Phönizier, und später auch von den amerikanischen Hochkulturen der Maya und Azteken. Ein »Who's who« der Vergangenheit und ein wahrhafter Rundumschlag der Menschheitsgeschichte.

Mein Kumpel lernte in zahlreichen virtuellen Schlachten, dass nicht nur Hannibal, sondern vor allem zunächst die Perser Kriegselefanten einsetzten, die Bedeutung der berittenen Bogenschützen, der Mangudai, für die Ausbreitung des Mongolischen Reiches und die Rolle der Elitetruppe der Janitscharen beim Aufstieg des Osmanischen Reiches. Selbst der Soundtrack von »Age of Empires« vermittelt wertvolles Geschichtswissen, indem das Spielgeschehen vom Klang authentischer Originalinstrumente begleitet wird.

Es war erstaunlich: Jemand, der Homer nur von den Simpsons kannte und den großen Sultan Saladin auf einem fliegenden Teppich vermutete, wusste nun die für den Lauf der Geschichte entscheidenden Schlachten bei Tours (732 n. Chr.) und Mantzikert (1071 n. Chr.) sowie die Seeschlacht von Lepanto (1571 n. Chr.)[44] zeitlich

44 Welcher Nationaldichter Spaniens erlitt bei der Schlacht gegen die Truppen des Osmanischen Reiches drei Schusswun-

halbwegs einzuordnen. Natürlich basierte später das gesammelte Geschichtswissen meines Kumpels nicht nur auf dem Computerspiel. Dieses legte aber die entscheidende Grundlage, denn es entfachte sein Interesse für die Auseinandersetzung mit geschichtlichen Inhalten. Lernen kann doch spannend sein!

Beim Zappen blieb er dann beispielsweise häufiger an einer Dokumentation hängen und konnte nun auch die Inhalte mit den über »Age of Empires« transportierten Informationen besser verknüpfen. Guido Knopp machte Pikachu Konkurrenz. Und wenn ein Thema vielversprechend wirkte, wurde statt des nächsten Videospiels auch mal ein Geschichtsmagazin oder sogar ein Buch gekauft. Mit einem Mal rückten zuvor nie wahrgenommene Bildungsmöglichkeiten ins Blickfeld. Ein wahrhafter Engelskreis, mein Kumpel entschied sich dann folgerichtig für den Leistungskurs Geschichte.

Die Moral der Geschichte geht aber weit über die Erkenntnis »Computerspiele sind doch nicht per se schlecht« hinaus. Sie illustriert, wie wir uns Zugänge zu Themengebieten erschließen können, indem wir sie mit Tätigkeiten oder Wissensbereichen verknüpfen, die uns bereits interessieren. Das kann man sogar steuern, wir müssen nur die richtigen Brücken bauen. Die ersten Steine setzt man mit einer Auflistung der Themenge-

---

den, darunter eine im linken Unterarm, wodurch seine linke Hand dauerhaft gelähmt war und er den Beinamen »El manco de Lepanto« (der Einhändige von Lepanto) erhielt? Eindeutig etwas gefährlicher als Windmühlen.

biete, über die man bereits Kenntnisse hat, und den Bereichen, über die man gerne mehr wissen möchte.

Ich bin mir sehr sicher, dass Sie alle schon unbewusst solche Brücken aufgebaut haben und so Wissen nebenher aufgeschnappt und weiterentwickelt haben. Insbesondere das Medium Film kann solche Effekte beschleunigen. Nach erfolgreichen Kinoproduktionen über den Zweiten Weltkrieg etwa erfreuen sich Buchhändler und Verlage an der erhöhten Nachfrage dazu passender Titel. Filme anschauen kann also paradoxerweise das Lesen fördern!

Wenn Sie zu der Personengruppe gehören, die schon in der Schule auf Kriegsfuß mit Physik und Chemie stand, um naturwissenschaftliche Formeln einen großen Bogen machte und auch im Erwachsenenalter lieber die Mikrowelle und den Kühlschrank lediglich nutzt, nicht aber die dahinterstehende Funktionsweise erklären kann, dann wäre das ein erster Schritt, sich über passende Zugangsschlüssel Gedanken zu machen.

Wenn Sie sich für Fußball interessieren, dann kennen Sie den legendären Freistoß, den der brasilianische Nationalspieler Roberto Carlos im Juni 1997 bei einem Länderspiel gegen Frankreich geschossen hat. Es gilt bis heute als eines der spektakulärsten und schönsten Tore der Fußballgeschichte. Aus 35 Metern hämmerte der flinke Verteidiger den Ball mit dem linken Außenrist und viel Effet ins Tor des machtlosen Torhüters Fabian Barthez. Zunächst sah es so aus, als ob der Ball an der französischen Mauer vorbei eher die Eckfahne treffen würde, doch der vollzog in der Luft eine deutliche Richtungsänderung und knallte unhaltbar ins Netz. Um dieses Kunststück nachahmen zu können, braucht es Technik, Kraft und Glück. Um es zu verstehen, braucht es physikalische und mathematische Kenntnisse. Maßgebliche Ursache für diese Flugkurve ist der Magnus-Effekt, benannt nach dem im 19. Jahrhundert forschenden deutschen Physiker Heinrich Gustav Magnus. Dieser lieferte erstmals eine wissenschaftliche Erklärung für das Phänomen der Strömungsmechanik. Vereinfacht gesagt, erfährt ein rotierender runder Körper wie ein Zylinder, eine Kugel oder eben ein Fußball eine von der Strömung und Geschwindigkeit abhängige Querkraftwirkung, die ihn u. a. durch Luftverdrängung abdriften lässt. So kann man auch eine befriedigende Antwort darauf finden, warum die Bananenflanke krumm ist.[45] Einen ähnlichen Effekt kennen Baseballfans bei gekonnt geworfenen Curve-Balls, und Tischtennis- und Tennisspieler nutzen ihn beim Slice und Topspin. Ballsportarten sind also eine gute Möglichkeit, sich mit den Teilgebieten der Mechanik und Thermodynamik zu beschäftigen. Im Übrigen auch für Lehrende, um ihre Schüler*innen für ein vermeintlich sperriges Thema zu begeistern. Textaufgaben müssen nicht zwangsläufig langweilen!

Und wen es dann gepackt hat, der wird mit steigen-

---

45 Berühmt-berüchtigt für seine Bananenflanken war der 69-fache Fußball-Nationalspieler Manfred Kaltz. Zwei heutige gültige Torrekorde der Fußball-Bundesliga hält die Legende des Hamburger SV, so konnte er 53 Elfmeter in seiner Karriere verwandeln sowie sechs Treffer, auf die was zutrifft?

dem Verständnis auch leichter ein Interesse an Themen entwickeln, die dann nichts mehr mit Fußball zu tun haben, die aber die gleichen physikalischen Grundlagen wie etwa Astronomie, Meteorologie und Forensik aufweisen. Letzteres diente schon vielen als Zugangstor für die Beschäftigung mit chemischen und physikalischen Grundlagen.

Kaum eine TV-Sendung wird in Deutschland so häufig ausgestrahlt wie die US-amerikanische Krimi-Dokumentationsreihe »Medical Detectives – Geheimnisse der Gerichtsmedizin«, im Jahr 2019 bei Vox satte 2232 Mal. Die Folgen, die meist die ganze Nacht in Dauerschleife das Programm füllen, erreichen häufig zweistellige Marktanteile, absolute Traumwerte für den Kölner Privatsender der RTL Group. Grund für den Erfolg des Formats ist die kluge Auswahl spektakulärer Fälle, die eine gewisse Faszination am Morbiden und Bösen beim Publikum ausgelöst haben. In der Folge gibt es eine ganze Krimi-Industrie – gestorben wird immer,[46] besonders im Fernsehen. Wenn es schließlich um die Überführung der Täter geht, kommen die Forensiker nicht umhin, mithilfe von Ballistik die Flugkurven von Pistolengeschossen zu erklären, DNA-Abgleiche über Polymerasen-Kettenreaktion (PCR-Analyse) zu erzielen

---

46 »Gestorben wird immer« ist der Untertitel welcher schwarzhumorigen US-amerikanischen Fernsehserie um die Bestatterfamilie Fisher, deren Titel auf die vermeintliche Bestattungstiefe zurückgeht? In einer der Hauptrollen brillierte Michael C. Hall, der dann später als Hauptfigur Dexter selbst auf Mordtour ging.

und Blutspuren mithilfe der aromatischen Kohlenstoff-verbindung Phenolphthalein nachzuweisen. Stammzu-schauer werden bei diesen Begriffen nun die Stimme des Stars der deutschen Forensik-Szene, Dr. Mark Benecke[47], im Ohr haben. Sein Spezialgebiet ist die forensische Entomologie, also Insektenkunde. Anhand der Insekten, die er in den Leichen vorfindet, kann er den Todeszeit-punkt zeitlich einschränken. So lernt man sogar noch etwas über das Tierreich!

Wie kann man nun verschiedene Wissensgebiete am besten miteinander verbinden? Je spezifischer die Ge-biete sind, desto schwieriger ist es. Manchmal muss man sich über verwandte Teilgebiete annähern. Hier ein interessanter Lösungsansatz aus meinem näheren Um-feld.

Ein befreundetes Ehepaar nähert sich den Themen-gebieten Geografie und Sport auf ganz genüssliche Art und Weise: Während Fußballgroßveranstaltungen wie der FIFA-Weltmeisterschaft wird ein Abendspiel zum Anlass genommen, sich auf die Begegnung mit der lan-destypischen Küche vorzubereiten. Bei der letzten Aus-gabe 2018 gab es beispielsweise folgende Begegnun-gen: Iran gegen Spanien, Peru gegen Dänemark, Nigeria

47 Der deutsche Kriminalbiologe ist der nordrhein-westfäli-sche Landesvorsitzende welcher Partei, die sich u. a. laut eigenen Angaben für die Elitenförderung und den Tierschutz einsetzt? Sie ist zudem die mitgliederstärkste Partei Deutschlands, die keinen Abgeordneten im Bundestag stellt, dafür jedoch zwei Vertreter im Europäischen Parlament sitzen hat.

gegen Argentinien sowie Südkorea gegen Mexiko. Nicht unbedingt fußballerische Leckerbissen. Gaumenfreuden bereiteten sie dennoch, denn zu jedem Match wurde ein klassisches Gericht der beiden kickenden Nationen ausgewählt, das dann pünktlich zum Anpfiff auf dem Tisch stand. So machten sich meine Freunde den sportlichen Wettbewerb im übertragenen Sinne schmackhafter, gleichzeitig gingen sie auch auf eine kleine weiterbildende Weltreise zwischen Kochgeschirr und Kühlschrank.

Schlägt man ein persisches Kochbuch auf, so stellt man fest, dass die Farbe Gelb auf vielen Darstellungen recht dominant ist. Vor allem um das persische Nationalgericht Tschelo Kabab stilecht anzurichten, braucht es eine schöne, für die iranische Küche charakteristische Prise Safran. Welches Land mit über 170 Millionen Tonnen, was 90 Prozent des weltweiten Marktanteils entspricht, dieses Gewürz, welches das teuerste der Erde ist, produziert, war spätestens nach dem Vorrundenspiel klar. Und beim nächsten Besuch in Nigeria, Afrikas bevölkerungsreichstem Staat, werden sich die beiden auch nicht wundern, wenn man mit einem »Moin, Moin« dem Kellner gleich schon die Bestellung des ortsüblichen Grundnahrungsmittels auftragen kann: Das ist eine herzhafte Pastete aus Schwarzaugenbohnen[48] und Gemüse.

---

48   »Elephunk« und »Monkey Business« sind die tierischen Namen zweier erfolgreicher Alben welcher Band aus Los Angeles, die gegenwärtig aus will.i.am, apl.de.ap und Taboo besteht?

Als sich die beiden an die äußerst sättigende argentinische Pizzavariante Fugazetta heranwagten, wurde der große italienische Einfluss auf die Küche des südamerikanischen Landes deutlich. Im Nachhinein nicht überraschend, denn über die Hälfte der argentinischen Bevölkerung zählt Italiener zu ihren Vorfahren. Von Mitte des 19. bis Anfang des 20. Jahrhunderts wagten Millionen von Italiener*innen die Überfahrt über den Atlantik, um auf der anderen Seite des Ozeans ein neues Leben zu beginnen. Die sportlich-kulinarische Fernreise innerhalb der eigenen vier Wände war nicht nur ein Genuss für den Gaumen, sondern auch für den Geist.

Manchmal liegen gewisse Verbindungen allerdings auch sehr nahe. Wenn wir beim Fußball bleiben, dann ist es das Themengebiet Wirtschaft. Trikots und Stadien haben sich nämlich für die Vereine zu lukrativen Werbeträgern entwickelt. Sollte Sie also der Volkssport Nr. 1 partout nicht interessieren, könnten Sie – wie ich – die omnipräsente Werbung als Lern-Plattform nutzen. Bei der FIFA-Weltmeisterschaft kann man so auf Vivo stoßen, einen der größten Smartphone-Hersteller der Welt, dessen Marktanteil in Deutschland zwar noch überschaubar ist, aber stetig wächst. Bei den Länderspielen des europäischen Verbandes UEFA fällt das aserbaidschanische Staatsunternehmen SOCAR auf. Das Akronym steht für »State Oil Company of Azerbaijan Republic«. So erfährt man, ohne regelmäßig die Nachrichten aus Politik und Wirtschaft zu verfolgen, dass der kaukasische Staat am kaspischen Meer reich an fossilen Brennstoffen ist. Tatsächlich wurde in Aserbaidschan in der Mitte des 19. Jahrhunderts erstmals industriell das schwarze Gold gefördert. Davon profitierten auch Alfred Nobel und seine Brüder. Entdecken kann man auch Alipay, das Onlinebezahlsystem von Alibaba, ebenfalls eines der weltgrößten Unternehmen. Der chinesische Handelsriese generierte alleine am 11. November 2019, dem traditionellen Shopping-Tag in China, knapp vierzig Milliarden US-Dollar Umsatz. Der Tag ist dort übrigens nicht wegen des heiligen St. Martin bekannt, sondern gilt wegen der vielen Einsen im Datum als *Singles-Day*.

Auch die deutschen Bundesligen bieten spannende Entdeckungen. Seit der Saison 2017/18 vermarkten die Vereine der Ersten und Zweiten Fußball-Bundesliga auch freie Flächen auf den Ärmeln der Trikots. Beim FC Bayern München lernt man so einen der größten Flughäfen der Welt kennen, den Hamad International Airport in Doha, der Hauptstadt Katars. Im Jahr 2019 landeten dort knapp vierzig Millionen Passagiere, 2022 werden es die besten Spieler der Welt sein. Einer der größten Hotelbetreiber im deutschsprachigen Raum, H-Hotels, ist bei Borussia Mönchengladbach zu finden. Auch die Namen einiger Stadien weisen auf erfolgreiche Unternehmen hin. Sie sind meist in der Region beheimatet, wie der Maschinenhersteller Voith in Heidenheim an der Brenz, die im Bauwesen tätige und in Bielefeld beheimatete Firma Schüco und das seit 2015 im Dax gelistete Immobilienunternehmen Vonovia in Bochum. Gelegentlich kommt es bei solchen Neubenennungen dann auch zu kurios anmutenden Namen:

So wurde die Schauinsland-Arena nach dem gleichnamigen Reiseveranstalter in Duisburg benannt, und die Trolli-Arena im fränkischen Fürth hieß davor Playmobil-Stadion.

4

Diversifizierung der Lernmedien

Das oberste Gebot der Geldanlage ist die Diversifizierung. Um das Verlustrisiko zu minimieren, setzen professionelle Anleger immer auf mehrere Pferde gleichzeitig. Es gilt, parallel in Gold, Aktien, Anleihen, Immobilien und anderes zu investieren. Beim Kapital »Wissen« verhält es sich in vielerlei Hinsicht ähnlich.

Erfolgreich lernen bedeutet auch die Einbeziehung vieler verschiedener Medien. Dass treue Leser der *Frankfurter Allgemeinen Zeitung* mit einem gelegentlichen Blick in die *taz*[49] trotz oder gerade auch wegen unterschiedlicher politischer Überzeugungen ihren Horizont und auch ihre Wissensbasis erweitern können, dürfte nicht überraschen. *Vice versa* – das gilt natürlich auch in umgekehrter Richtung. Denn Berichterstattung ist, wie schon erwähnt, stets abhängig von dem, was die Redaktionen für relevant halten: Das betrifft die Auswahl der Meldungen, die natürlich auch potenzielle Erwartungen der Leserschaft erfüllt sowie an eigenen Interessen ausgerichtet ist. Ich kaufe mir deshalb mindestens einmal in der Woche eine Tageszeitung und

---

49 Gegen welchen deutschen Hersteller von Funktionsbekleidung verlor die in Berlin ansässige überregionale Tageszeitung 2002 einen Rechtsstreit, der die Verwendung der charakteristischen Tatze einschränkt?

nutze die Zeit auf dem Weg zum nächsten Auftritt oder Gespräch, sie zu lesen. Die goldene Regel jedoch ist, dass ich mir im Monat maximal eine Ausgabe einer bestimmten Zeitung oder Zeitschrift am Kiosk hole. Wenn Sie der gedruckten Form abgeschworen haben, können Sie natürlich auch genauso digital verfahren. Allerdings empfiehlt es sich dann, eine Liste mit verschiedenen Medien anzulegen und diese regelmäßig zu konsultieren, damit man nicht vergisst, Informationen aus verschiedenen Quellen abzurufen. Im Alltag präsentiert beispielsweise der Zeitschriftenladen im Bahnhof ein vielfältiges Angebot im Regal und animiert so zum Kauf. Im Netz laufen wir hingegen eher Gefahr, uns in gewissen Echokammern der Informationen einzuschränken. Spreizen Sie also gelegentlich Ihre Nachrichtenquellen und verteilen Sie Ihre Aufmerksamkeit.

Ebenso wichtig ist es, bei der Art des Mediums auf eine große Vielfalt zu achten. Auch wenn Sie zu den Schnell- und Viellesern gehören und es schaffen, die Tageszeitung von vorne bis hinten durchzulesen, wird Ihnen viel entgehen, denn Sie werden sich einige Inhalte aufgrund ihrer Ähnlichkeit in der Darstellung schwerer merken können. Dem kann man einfach entgegentreten, indem man bewusst verschiedene Kanäle nutzt und in seinen Alltag integriert.

Seit vielen Jahren trotzen Radiomacher*innen den falschen Nachrufen auf ihre Branche. Die Digitalisierung mit Streaming-Giganten wie Spotify[50] oder Diens-

---

50   Mit über 2,5 Milliarden Abrufen führt der Hit »Shape of

ten wie Apple und Amazon Music werde das Radio obsolet werden lassen, heißt es immer wieder. Noch werden allerdings die Signale über Frequenzen[51] gesendet und gerne empfangen, alternativ wird Digitalradio genutzt. Wettervorhersagen und Staumeldungen tragen sicherlich ihren Teil dazu bei, und bekannte und sympathische Stimmen können Zuhörer*innen binden.

Ich höre täglich Radio, allerdings aus einem anderen Grund: Ich nehme Nachrichten und Informationen anders wahr, als wenn ich sie nur lese. Diese banale Unterscheidung ist nicht zu unterschätzen. So werden über den auditiven Weg bei der Verarbeitung der Informationen andere Hirnregionen in Anspruch genommen. Eine Information, die ich gelesen habe, wird nun erhört und bei der Reizverarbeitung somit – plastisch gesprochen – zusätzlich mit ganz anderen Zellen verknüpft. Durch O-Töne erhalten Personen eine hörbare Stimme, die, ohne begleitendes Bild, eben auch anders wahrgenommen wird.

Ein weiterer Vorteil bei Radionutzung im Vergleich zu Streamingdiensten liegt – ähnlich wie beim Fernsehen im Vergleich zu Portalen wie Netflix – in der gewollten Konfrontation mit Inhalten, die ich nicht ausgewählt

---

You« das weltweite Ranking der meistgestreamten Songs auf Spotify deutlich an. Welcher englische Sänger mit Kurzauftritt in der siebten Staffel der TV-Serie »Game of Thrones« veröffentlichte das Lied auf seinem dritten Studioalbum?

51 Im Rundfunk findet neben der Frequenzmodulation (FM) welche weitere Modulationsart über Mittelwellen breite Anwendung, und das nicht nur in der ersten Hälfte des Tages?

habe. Einfach mal laufen lassen, dann stoße ich plötzlich auf Input, der mich interessiert, auch wenn ich vorher nicht geahnt habe, dass er mich interessieren könnte. Manchmal muss man Entscheidungen aus der Hand geben, um auf Neues zu stoßen. Bei der Entdeckung neuer Musik sind Netflix und Co. dank eines unerschöpflichen Angebots und wirkungsvoller Algorithmen klar im Vorteil. Und auch im Nachrichtenbereich lassen sich mittlerweile viele Beitrage auf Streamingdiensten finden.

Um dem auditiven Stimulus noch den wichtigen visuellen beiseitezustellen, ist die folgende Handlungsempfehlung geeignet: Schalten Sie immer wieder mal den Fernseher ein. Das schreibe ich nicht, weil ich in diesem Medium tätig bin, sondern weil ich tatsächlich der Meinung bin, dass der televisuelle Bildungsbeitrag oft unterschätzt wird, und das nicht nur wegen Marcel Reich-Ranicki. Der Literaturpapst hatte anlässlich der Verleihung des Deutschen Fernsehpreises 2008 in einem gekonnten Wutausbruch die TV-Welt abgekanzelt und den Ehrenpreis verweigert, obwohl er sich acht Jahre zuvor noch an der Goldenen Kamera erfreuen konnte. Alternativ bietet natürlich das Internet unzählige Möglichkeiten der Wissensaufnahme, einige davon erwähne ich in diesem Buch auch in der Empfehlungsliste.

Mittlerweile ist es eine Binsenweisheit, dass wir alle unterschiedlich lernen und daher Schüler*innen im besten Falle individuell gefördert werden sollten. Es gibt verschiedene Lerntypen, die unterschiedlich stark auf verschiedene Reize (auditiv, visuell, haptisch etc.) reagieren und daran auch ihr Lernverhalten anpassen müssten. Das bedeutet aber nicht, dass wir nur noch eine Lernroute fahren sollten. Denn die Bedeutung der sinnesbasierten Lernaffinitäten soll gar nicht so groß sein wie bisher angenommen. Viele Psycholog*innen stellen sie sogar komplett infrage. Aber grundsätzlich verhält es sich wie beim Geschmack, auch ein Süßmaul braucht gelegentlich mal eine Tüte Chips, Einseitigkeit tut selten gut, Maß und Vielfalt sind auch der richtige Weg beim Lernen.

Meiner Erfahrung nach kommt jedoch den visuellen Reizen bei der Verankerung von Wissen eine leicht hervorgehobene Bedeutung zu. Wenn ein optischer Eindruck eine Information verstärkt, wie das Bild eines historischen Ereignisses oder die grafische Aufarbeitung statistischer Daten, dann hilft dies bei der Memorierung enorm. Wenn ich etwas Interessantes über eine Persönlichkeit lese, dann suche ich daher nach einem Foto von ihr, und ich schaue Videoaufnahmen von einem sportlichen Ereignis an, wenn ich darüber gelesen habe. Auch zum besseren Verständnis von komplexen naturwissenschaftlichen Phänomenen und Vorgängen hole ich mir visuelle Erklärvideos von YouTube zu Hilfe. Auf dem kalifornischen Videoportal gibt es mittlerweile unzählige qualitativ hochwertige und häufig sehr unterhaltsame Kanäle, die anspruchsvolle Sachverhalte sehr gut aufbereiten. Ein wunderbares Reservoir, das von Lehrer*innen als Chance gesehen und in den Unterricht integriert werden sollte.

Noch ein Geständnis: Ich führe gelegentlich Selbstge-spräche. Laut. Und ja, ich wurde dabei auch schon »er-wischt«. Aber tatsächlich hilft mir das, Konkretes besser abzuspeichern. Sprachen lernt man ja auch nicht leise. Dass dies auch notwendig ist, weil ich bei rein auditiver Wissensabrufung über Defizite verfüge, fällt mir immer wieder beim spannenden Finale von »Gefragt – Gejagt« auf. Innerhalb von zwei Minuten muss ich so viele offe-ne Fragen wie möglich beantworten. Die Besonderheit ist, dass die Fragen nur vorgelesen werden, ich höre sie also lediglich. Eine besondere Herausforderung für mich, da ich zumindest bei Quizwettbewerben nicht zu den besten Zuhörern zähle.

In einem denkbar knappen Finale brauchte ich nur noch eine korrekte Antwort, um den Sieg einzufahren. Auf der Uhr standen noch sieben Sekunden, nicht viel Zeit, aber definitiv genug, um den entscheidenden Punkt zu machen. »Wie hieß der Opa von Kublai Khan?« Da-mit war natürlich der große mongolische Feldherr Dschingis Khan gemeint! Ich hatte mehrere Bücher über die mongolischen Reiche und die Geschichte Zentral-asiens gelesen. Dennoch konnte ich diese einfache Frage nicht beantworten. Es lag aber nicht am Nicht-Wissen, ich konnte die Begriffe in der Kürze der Zeit einfach nicht richtig zuordnen. Einerseits war das Wort »Opa« recht ungewohnt, man würde eher »Großvater« erwar-ten, und ich kramte in meinem Kopf nach passenden »Opern«, andererseits klickte es bei Kublai Khan nicht sofort. Im Gegensatz zu Napoleon, Hannibal oder Fried-rich dem Großen habe ich selten den Namen des Enkels von Dschingis Khan ausgesprochen gehört, auch Dokumentationen über ihn sind im Vergleich rar.[52] Mein Lese-Wissen nutzte mir in dieser Art von Wissenstest nicht.

Ein ähnlicher Fauxpas unter Zeitdruck passierte mir, weil ich zwei ähnlich ausgesprochene Wörter verwechselte. So antwortete ich auf die Frage »Wie heißen die Spielsteine beim Roulette?« Croutons![53] Im Nachgang habe ich zur humoristischen Selbstgeißelung das Glücksspiel mit den Brotkrümelchen getestet: Es funktioniert. Man sollte allerdings nicht hungrig spielen. Den Gegentest eines Salats mit Jetons überlasse ich dann doch eher kreativen Köchen.

---

52 Welche Western-Legende spielte in dem Film »Der Eroberer« aus dem Jahre 1956 in einer grotesken Fehlbesetzung den Mongolenführer Dschingis Khan?

53 Welcher nach dem Italo-Amerikaner Mr Cardini benannte Salat beinhaltet neben Römersalat, Dressing und Parmesan unbedingt auch Croutons?

5

Verbildlichen – Mindmaps

»Fun with Flags« – so lautet der Titel einer fiktiven Webshow-Serie des exzentrischen Genies Dr. Sheldon Cooper[54] aus der beliebten TV-Serie »The Big Bang Theory«, in der er vexillologische Fakten vermittelt. Während viele Menschen sich meiner Erfahrung nach relativ gut mit Nationalflaggen auskennen, kann sich Cooper dies nicht auf die Fahnen schreiben.

Flaggen begegnen wir im Alltag immer wieder. Allen voran bei sportlichen Wettkämpfen – etwa auf der Tabelle der Vorrundengruppen bei der FIFA-Weltmeisterschaft, beim Einmarsch der Athleten anlässlich der Eröffnungsfeier der Olympischen Spiele oder beim Blick auf die Weltranglisten im Tennis. Wenn ich Sie nun fragen würde, wie viele Sterne auf der US-amerikanischen Flagge zu sehen sind, dann könnten Sie mit Sicherheit sagen, dass die USA aus fünfzig Bundesstaaten bestehen und jeder, von Alabama bis Wyoming, mit

---

54 Der Nachname des von Jim Parsons gemimten fiktiven Physikers geht auf den Nobelpreisträger (1972) Leon Neil Cooper zurück, der zusammen mit seinen Kollegen John Bardeen und Robert Schrieffer die nach ihnen benannte BCS-Theorie entwickelte, die welche Materialien physikalisch erklärt? Der elektrische Widerstand dieser Materialien strebt beim Unterschreiten einer gewissen Temperatur gegen null, dazu zählen viele Metalle wie Blei und Quecksilber.

einem Stern repräsentiert wird. Viele wüssten auch sofort, dass zwölf Sterne auf der Europaflagge[55] abgebildet sind. Aber wie viele Sterne sind auf der Flagge Chinas? Und wie viele auf der Flagge Australiens?

Die Anzahl derer, die diese beiden Fragen korrekt beantworten können, ist dann schon deutlich geringer. Nun mag man einwenden, dass die Flaggen der USA und Europas ja auch wesentlich präsenter und uns sowieso aus vielerlei Gründen »näher« sind. Das stimmt natürlich, dennoch gehören die chinesische Flagge mit ihren fünf gelben Sternen auf rotem Grund und die australische mit ihren sechs weißen Sternen auf blauem Grund zu den sichtbarsten der Welt. Es sollte also keinerlei Problem darstellen, die Anzahl der Sterne zu nennen. Ein paar kurze weitere Fragen: Auf welchen Nationalflaggen europäischer Staaten ist Folgendes zu entdecken:

(a) eine Armillarsphäre, also ein astronomisches Gerät zur Navigation,

(b) der dreispitzige Gipfel des höchsten Berges des betreffenden Landes,

(c) das Spruchband »plus ultra« über zwei grauen Säulen und

---

55 Welche 1949 in London gegründete europäische, internationale Institution, zu der u. a. auch Russland und die Türkei gehören und die institutionell nicht mit der Europäischen Union verbunden ist, führte die heute noch von der EU genutzte Flagge 1955 ein?

(d) ein weißbauchiger schwarzer Marder und ein rot gehörnter goldener Ziegenbock?

Wenn Sie alle vier Flaggen nennen können: Chapeau! Sie sollten unbedingt an unseren Quizmeisterschaften teilnehmen! Wenn Sie spontan partout kein Land sehen, kann ich Sie beruhigen: Das sind Quizfragen fortgeschrittenen Niveaus. Natürlich kann man sich den richtigen Antworten nähern, indem man versucht, die genannten Informationen mit einem Land in Verbindung zu bringen. Ein Navigationsgerät weist auf eine Seefahrernation hin, und ein für die Nation bedeutender Berg erhöht wiederum die Wahrscheinlichkeit, dass sich das betreffende Land in einer größeren Entfernung von der Küste befindet.

Die optische Erinnerung an eine Flagge reicht allerdings nicht aus, um detailgetreu wiedergeben zu können, was auf ihr zu sehen ist. Wie gesagt, wir haben nun einmal kein fotografisches Gedächtnis. Und weil wir es uns auch nicht antrainieren können, gibt es nur einen Ausweg: Die optischen Eindrücke müssen in Sprache übersetzt werden. Wenn wir uns in kurzen Sätzen bewusst machen, was auf einer Flagge zu sehen ist, es also einfach nur benennen, dann können wir das astronomische Navigationsgerät (a) auch auf die portugiesische Flagge platzieren. Die Säulen (b) umrahmen das Wappenschild auf der gelb-roten Flagge Spaniens und stellen die Säulen des Herakles dar – also die zwei Felsenberge, die die Straße von Gibraltar einfassen. Der Sohn von Zeus und Alkmene brachte – dem griechischen

Dichter Pindar zufolge – an diesem Ende des Mittelmeers das Spruchband »Nicht mehr weiter« an, um das Ende der Welt zu markieren. Die lateinische Version des Spruches lautet: »Non plus ultra.« Nach der Entdeckung Amerikas und dem Herrschaftsantritt Karls V. wurde er in »Plus Ultra« abgeändert und fand so Eingang ins spanische Wappen.

Berlin, Hamburg, München, Köln, Frankfurt, Stuttgart, Hannover, Dresden, Kiel. Dies sind neun von zehn deutschen Städten, die viele Millionen Deutsche täglich in der wohl »beliebtesten Minute« des Tages im deutschen Fernsehen auf der Karte sehen, wenn die Wettervorhersage in der Tagesschau läuft. Eine Stadt fehlt. Wissen Sie auf Anhieb, welche deutsche Großstadt es ist? Diese Frage werden wahrscheinlich nur Menschen aus Mecklenburg-Vorpommern und solche, die an der Ostsee leben, richtig beantworten können. Es ist die Hansestadt Rostock. Wer die Wettervorhersage guckt, fokussiert sich schließlich nur auf den eigenen Lebensraum, warum sollte man auch darauf achten, ob es Hunderte Kilometer entfernt regnet. Aber es gibt auch noch einen anderen Grund: Karten werden in der Regel nicht »gelesen«, und so bleiben auch nicht all die darauf befindlichen Informationen im Gedächtnis. Optische Informationen müssen zwar nicht mehr übersetzt werden, denn sie sind sichtbar, sie müssen aber dennoch bewusst wahr- und aufgenommen werden.

Eine erprobte Methode zur bewussten Visualisierung ist beispielsweise das Anlegen von »Gedankenlandkarten«, also Mindmaps, eine simple kognitive

Technik, die der Engländer Tony Buzan perfektioniert hat. Einfach gesagt: Es geht um die sinnvolle Verknüpfung gelernter Elemente auf optischem Wege. Zeichnen Sie die Begriffe auf ein Stück Papier, verbinden Sie diese und schreiben Sie einige passende und interessante Fakten dazu. Zusätzlich kann man auch noch verschiedene Farbakzente setzen. Sie müssen nicht unbedingt Picasso nacheifern, aber zwischendurch ein paar Zeichnungen anzulegen, die über den Text hinausgehen, ist auch nicht ganz verkehrt! Learning by Doing!

6

Kurioses Verknüpfen

Ein Meister des Verknüpfens ist mein Quiz-Kollege Paul Sinha. Der Comedian demonstriert im markanten weißen Anzug als »Sinnaman«[56] in der TV-Sendung »The Chase«, dem britischen Original von »Gefragt – Gejagt«, seit vielen Jahren auf unterhaltsame Weise sein umfangreiches Wissen. Dass er sich zudem 2019 in Großbritannien, der stärksten Quiznation der Erde, den nationalen Meistertitel sichern konnte, unterstreicht seine Klasse. Eine Grundlage für seine Erfolge ist vor allem seine Fähigkeit, gleichklingende Fakten und Begriffe miteinander zu verknüpfen. Die Verbindungen, die inhaltlich gewiss nicht immer passend erscheinen, helfen ihm jedoch bei der langfristigen Memorierung und lassen ihn zudem bei der abwechslungsreichen Faktensuche immer wieder auf neue interessante Dinge stoßen.

Ein paar kleine, durchaus herausfordernde Beispiele: Was verbindet eine orangefarbene Frucht, die namensgebend für eine deutsche Musikformation war, die zu den Pionieren der elektronischen Musik zählt, mit einer

---

56 »Sinnerman« gehört neben »My Baby Just Cares for Me« und »I, loves you Porgy« zu den bekanntesten Songs welcher amerikanischen Musikerin?

Kopfbedeckung aus rotem Filz in der Form eines Kegel-stumpfes mit flachem Deckel, der meist mit einer dunk-len oder goldenen Quaste versehen ist, und einem Filmklassiker aus dem Jahre 1942, der mit drei Oscars ausgezeichnet worden ist?

Die Antwort ist Marokko. Die Frucht, der Hut und der Film sind Homonyme und wurden nach dem Na-mensgeber der drei bevölkerungsreichsten Städte des nordafrikanischen Königreiches benannt: Tanger, Fez und Casablanca.[57]

Was haben die Geburtsstadt Franz Kafkas, die Lan-deshauptstadt des österreichischen Bundeslandes Oberösterreich und der größte Planet des Sonnensys-tems gemeinsam? Das verbindende Element in diesem Falle ist die klassische Musik: Sie alle standen als Spitz-name einer Sinfonie von Wolfgang Amadeus Mozart Pate. Die Namen »Prager«, »Linzer« und »Jupiter-« Sinfonie kann man sich auch besser merken und besser auseinanderhalten als die schlichte numerische Angabe der 38., 36. und 41. Sinfonie.

Was eint die griechische Muse der Heldendichtung und Geschichtsschreibung, einen heißen Wüstenwind, der von der Sahara in Richtung Mittelmeer weht, und ein turksprachiges Nomadenvolk im Süden des Iran?

Sie finden sie alle auf deutschen Straßen, in einigen sitzen oder fahren Sie sogar! Dies sind Namenspaten

---

57 »Spiel es!« oder doch eher »Kauf es!« – welches Instru-ment, das Dooley Wilson in dem Film »Casablanca« spielte, wurde für 3,4 Millionen US-Dollar in New York versteigert?

für populäre Automobilmodelle: Renault Clio, VW Scirocco und Nissan Qashqai. Auch hier gilt: Das Wissen liegt auf der Straße.

Oder Paul Sinha schnappt sich ein Thema und exerziert dieses entlang gewisser Themengebiete. Kombinieren Sie beispielsweise zwei auf den ersten Blick wenig miteinander in Bezug stehende Themen wie etwa Banane und Politik. Versuchen Sie dann auf ein paar interessante Querverbindungen zu kommen, die sowohl inhaltlicher als auch sprachlicher Natur sein können. Dabei kann man auf den ersten Präsidenten Simbabwes stoßen, Canaan Banana. Wenn Sie nun aufgrund des Namens innerlich kichern: 1982 wäre das zumindest im afrikanischen Staat gefährlich geworden, denn dort wurde ein Gesetz erlassen, das jegliche Belustigung bezüglich des Namens verbot und unter Strafe stellte. 1987 musste Canaan Banana dann das Amt für den langjährigen Präsidenten und Diktator Robert Mugabe räumen. Wenig lustig ist allerdings die Tatsache, dass er Ende der Neunzigerjahre wegen Homosexualität angeklagt und zu zehn Jahren Haft verurteilt wurde, allerdings auch, weil er seinen ehemaligen Leibwächter zum Sex gezwungen hatte, der aufgrund von diesbezüglichen Hänseleien einen Kollegen erschoss.

Man kann auch auf den »Bananenkrieg« stoßen, einen Handelskonflikt zwischen den USA und der Europäischen Union. Die EU-Bananen-Marktordnung aus dem Jahre 1993 stellte Produzenten in Europa oder in den ehemaligen Kolonien durch Einfuhrmengen und Zölle besser als Konkurrenten wie Chiquita und Dole, die in Lateinamerika operierten. Der Streit erreichte dann auch die Welthandelsorganisation, bei der die USA sowie einige weitere betroffene Staaten Klage einreichten. Nach großen diplomatischen Spannungen konnte man jedoch nach einigen Jahren eine für alle Seiten akzeptable Einigung erzielen. Der Begriff »Bananenkriege« bezeichnet allerdings auch die Militäroperationen und Okkupationen der USA zur Wahrung der eigenen ökonomischen und politischen Interessen am Anfang des 20. Jahrhunderts in Lateinamerika wie Kuba, Mexiko, Haiti, Honduras, Panama und der Dominikanischen Republik. Der Name lässt sich auf die Tatsache zurückführen, dass vornehmlich amerikanische Unternehmen wie die einflussreiche United Fruit Company landwirtschaftliche Erzeugnisse, allen voran Bananen, in diesen Ländern anbauten. Die abwertende Bezeichnung Bananenrepublik stammt auch aus dieser Zeit.

Hätten Sie die Frucht im gelben Mantel mit dem Thema Literatur verbunden, wären Sie auf die erfolgreiche japanische Schriftstellerin Banana Yoshimoto gestoßen, bei Musik auf das Debütalbum der Rockband The Velvet Underground (mit der deutschen Sängerin Nico), das vom Künstler Andy Warhol produziert worden ist, der auch das Cover mit der Banane entworfen hat. Und beim Thema Kunst wären Sie auf das Werk »Comedian« des italienischen Künstlers Maurizio Cattelan gestoßen, der auf der Kunstmesse Art Basel Miami Beach eine Banane mit Klebeband an einer Wand befestigte, ein Kunstwerk, das dann für 120 000 US-Dollar verkauft worden ist.

Der Konzeptkünstler David Datuna verspeiste wenig später das Werk, allerdings ohne das Tape und die Schale, und betitelte die Performance »Hungry Artist«. Die Galerie ersetzte die Banane mit einer neuen, denn das Kunstwerk bestünde schließlich in der »Idee«, daher sei die Banane auch ersetzbar.

7

Der Mythos vom Listenlernen

Viele Menschen gehen davon aus, dass ich problemlos den Nobelpreisträger für Chemie aus dem Jahre 1974, den Weltmeister im Marathon 1991 und die Gewinnerin des Oscars für die beste Nebenrolle von 1987 benennen kann. Schließlich bestünde ja Quiztraining zu einem gewichtigen Teil aus der Memorierung unzähliger Besten- und Sieger-Listen. Um auf den Meisterschaften brillieren zu können, müsse man solche Daten schließlich aus dem Effeff abrufen können. Doch das ist eine große Fehlannahme.

Kaum ein Quizchampion kann irgendwelche Listen einfach so herunterrattern. Um bei Wettbewerben Fragen richtig beantworten zu können, braucht man viel Faktenwissen, ebenso ist jedoch auch eine gewisse kognitive Kombinationsfähigkeit vonnöten, denn es werden ja glücklicherweise keine sterilen Stakkato-Fragen gestellt, die einem Vokabeltest gleichkommen. Die bloße Memorierung passender Wissenspaare wie »FIFA-Weltfußballer des Jahres 1995« und »George Weah«[58] ist weder das Ergebnis von nachhaltigem Lernen, noch zeugt

---

58 In welchem afrikanischen Land, das im 19. Jahrhundert von ehemaligen amerikanischen Sklaven gegründet worden ist, wurde George Weah 2018 zum Präsidenten gewählt?

sie von Bildung. Einige Listen mag man eventuell mit gewissen Memotechniken auswendig lernen können, doch bis heute hat es kein Gedächtnismeister geschafft, bei Fernsehshows wie »Wer wird Millionär?« auf RTL oder »Quizchampion« im ZDF beträchtliche Gewinnsummen auf sein Konto zu leiten. Diese Erkenntnis hat zumindest etwas Erleichterndes: Stumpfes Auswendiglernen ist ebenso langweilig wie überflüssig. Um den Wissensolymp zu erklimmen, sollte man andere Wege gehen.

Dennoch möchte ich eine Lanze für Listen brechen, denn eine Beschäftigung mit ihnen kann durchaus lohnend sein. Es wäre auch gelogen, wenn ich behaupten würde, dass ich gar nicht darauf zurückgreife. Auf einige Listen blickte ich schließlich schon weit, bevor mir bewusst wurde, dass die Informationen in einem kompetitiven Spiel namens Quiz abgefragt werden könnten. Nicht nur Sportfans können sich stundenlang in Statistiken vergraben, sondern auch Globetrotter*innen wollen die größten Seen und längsten Flüsse der Erdkugel erst mal geistig erkunden. Auch Rankings, die nach gewissen Maßstäben Wissensobjekte ordnen, erfreuen sich großer Beliebtheit.[59] Indem wir Dinge in Relation setzen und Superlative identifizieren, werden Besonderheiten sichtbar.

Ich nutze Listen, um mein Wissen wiederaufzufrischen. Eine bittere Notwendigkeit, denn auch die Klas-

---

59 Welches US-Magazin veröffentlicht jährlich viel zitierte Listen der reichsten Menschen der Erde?

siker des Allgemeinwissens versinken manchmal im geistigen Nebel. Vor vielen Jahren las ich ein Interview mit Kevin Ashman, einer lebenden Legende im Quizsport, mehrmaliger Weltmeister und der wohl hochdekorierteste Quizzer aller Zeiten. Darin offenbarte er, sich vor jeder Weltmeisterschaft noch einmal die Liste der Hauptstädte der Erde anzuschauen. Ich staunte etwas verdutzt. Der beste Quizzer der Welt muss sich die Basisliste, die ich als Grundschüler schon verinnerlicht habe, regelmäßig zu Gemüte führen, und das nicht nur, weil alle paar Jahre einige dazustoßen oder andere verlegt werden?[60] Schweren Herzens musste ich im anschließenden Selbsttest feststellen, dass mein achtjähriges Ich mich in diesem Test womöglich geschlagen hätte, denn nicht nur die passenden Städte einiger Inselstaaten fehlten vor dem geistigen Auge, sondern auch die größerer Flächenstaaten. Eine zunächst peinliche Erkenntnis, die aber nicht verwunderlich ist. Wie oft stößt man schon auf Bangui?[61] Tröstlich ist es immerhin, dass auch Weltmeister einen Teil des Einmaleins des Wissens wieder vergessen können.

Listen helfen, Dinge zu ordnen. Neben den gängigen Listen, den Listen von chemischen Elementen, Staats-

---

60 Juba ist die Hauptstadt welches jüngsten Mitgliedsstaates der Vereinten Nationen? 2011 trat das Land nach der Abspaltung vom ähnlich klingenden nördlichen Nachbarstaat der UN bei.

61 Die Hauptstadt der zentralafrikanischen Republik liegt an welchem über 1000 Kilometer langen Nebenfluss des Kongo? Der Fluss ist kurioserweise ein Anagramm der Hauptstadt Bangui.

präsident*innen, Fußball-Weltmeister*innen und höchsten Bergen und längsten Flüssen, kann man auch bekannte Themen nach eher unüblichen Merkmalen ordnen, beispielsweise TV-Shows und Bands nach geografischen Gesichtspunkten. Welche Bands kommen aus Birmingham, welche aus Los Angeles? Welche TV-Shows sind in Chicago beheimatet, und wo spielt sich das Geschehen in Miami ab?

Listen dienen mir natürlich auch dazu, Neues zu entdecken. Die Liste der Flughäfen etwa offenbart eine Reihe bedeutender und interessanter Persönlichkeiten, die als Namensgeber dienten. Landet man etwa auf dem asiatischen Teil Istanbuls, trifft man auf die erste Kampfpilotin der Welt, Sabiha Gökçen, eines der vielen Adoptivkinder Atatürks. Und schließlich helfen mir Listen auch dabei, meinen Blick auf die Welt zu weiten. Sie können auf Besonderheiten und Errungenschaften aufmerksam machen, die mir ansonsten nicht aufgefallen wären, so etwa beim gezielten Nachlesen über Nobelpreisträger*innen und ihre Leistungen oder durch Film-, Lese- und Musiktipps von Bestenlisten, die von zahlreichen Medien zusammengestellt werden.

Die Aufnahme von Wissen erfolgt so vorzugsweise auf natürliche Weise, eben angetrieben von den eigenen Interessen. Zwang beim Lernen ist meist kontraproduktiv. Wenn wir keine Begeisterung und Freude dabei empfinden, bleiben die Informationen auch nicht hängen. Dennoch ist ein gewisser Rahmen für den selbstständigen Bildungsprozess sinnvoll.

Der Quiz-Nationalspieler Manuel Hobiger, mit dem

ich 2011 den Deutschen Quiz-Verein e. V. gründete und der mittlerweile auch mein Kollege bei »Gefragt – Gejagt« ist, zählt beispielsweise seine Museumsbesuche und versucht, im Jahr auf wenigstens hundert zu kommen. Eine beeindruckende Zahl, selbst für kulturaffine Menschen, die gerne und oft Ausstellungen besuchen und Jahreskarten für Museen besitzen. Das bedeutet nämlich mindestens zwei Museumsbesuche pro Woche im Durchschnitt. Als er mir dies vor einigen Jahren erzählte, musste ich natürlich selbst mal überschlagen, auf wie viele Kultur-Begehungen ich kommen würde. Es war Ende Mai, und ich rekonstruierte immerhin sechsunddreißig Besuche in musealen Bildungsstätten. Die Kenntnis, dass mein Kumpel sich ein so hohes Ziel setzt, entfachte meinen Ehrgeiz. Ich wollte gleichziehen, aber änderte gleichzeitig meine Perspektive ein wenig.

Etwas, das man regelmäßig macht – wie beispielsweise ein Museum besuchen –, lässt sich bemessen, daher kann man als Ziel festlegen, eine bestimmte Anzahl von Besuchen innerhalb eines festgelegten Zeitraums erreichen zu wollen. Ein bildungsbeflissener Mensch mag zu Recht einwenden, dass ein Besuch im Louvre mehr dazu beitragen kann, sich zu bilden, als wenn man in allen deutschen Heimatmuseen gewesen ist. Natürlich darf ein Museumsbesuch nicht ausschließlich dazu dienen, einen Haken auf der Strichliste zu machen, so wie einige Sammler*innen von »Länderpunkten« nur die Staatengrenze übertreten, um anschließend Land X auf ihrer Landkarte als bereist zu markieren. Bei dem Verein Travelers' Century Club (TCC), dessen Mitglieder mindestens hundert Länder bereist haben, ist eine Mindestaufenthaltsdauer nicht vorgeschrieben. Dass man die Welt so kennenlernt, wage ich zu bezweifeln. Das jüngste Mitglied des Vereins war übrigens erst zwei Jahre und acht Monate alt.

Zurück zu den Museumsbesuchen: Wenn die Inanspruchnahme des Bildungsangebots im Vordergrund steht, das Museen vorweisen, kann die Zielsetzung, möglichst viele Ausstellungen zu besuchen, eine zusätzliche Motivation bedeuten. Ähnlich wie das Ziel, beim täglichen Work-Out ein bestimmtes Fitness-Level erreichen zu wollen, motivierend sein kann, und dies, auch ohne den Spaß am Sport zu ersticken, so kann auch ein Bildungs-Trainingsplan diese Funktion erfüllen. Als Nebeneffekt schleicht sich darüber hinaus eine gewisse Routine ein. Alternativ zu einer bestimmten Zahl an Besuchen, die man pro Jahr anstrebt, könnte man auch einfach jeden zweiten Sonntag für einen Kulturausflug festlegen.

Zu meinen Lieblingsentdeckungen der letzten Jahre zählen folgende Museen: das Museum für Sepulkralkultur in Kassel, dem es gelingt, die Themen rund um das Sterben, Tod, Bestattung, Trauer und Gedenken ebenso interessant wie respektvoll den Besucher*innen nahezubringen; das Deutsche Fußballmuseum in Dortmund, eine lebendige Liebeserklärung an König Fußball des DFB, und das Deutsche Hygiene-Museum in Dresden. Zugegeben, die Genannten gehören sicherlich nicht zu den Zwergen der deutschen Museumslandschaft, aber sie werden auch nicht auf den vorderen

Plätzen der Wunschmuseen stehen. Ein Besuch lohnt sich allemal. Eine Auflistung aller Museen, die mir gut gefallen haben, würde hier den Rahmen sprengen. Doch eines sei gesagt: Meiner Erfahrung nach hat fast jede mittelgroße deutsche Stadt interessante Bildungsperlen vorzuweisen. Wer auf der Suche nach dem ganz Besonderen ist, dem seien noch folgende Orte ans Herz gelegt: das Nachttopfmuseum im rheinland-pfälzischen Laudert, das Schweinemuseum in Stuttgart und das Schnarchmuseum in Alfeld.

Sie können diesen Ansatz natürlich auf andere Gebiete übertragen. Ich lese beispielsweise jedes Jahr die Sachbücher, die mit renommierten Preisen ausgezeichnet worden sind. Auch wenn ich nicht immer mit dem Jury-Urteil konform gehe, die Lektüre hat sich stets gelohnt. Insbesondere die Bücher haben mir es angetan, die jährlich mit dem Preis der Leipziger Buchmesse in der Kategorie Sachbuch und Essayistik ausgezeichnet werden.

Auch die meisten Wissensbücher, die jährlich von der Zeitschrift *Bild der Wissenschaft* ausgezeichnet werden, stehen in meinem Bücherregal, ebenso wie das »Historische Buch des Jahres« des Geschichtsmagazins *Damals*. Auch die von Deutschlandfunk Kultur, dem ZDF und *Die Zeit* gemeinsam erstellte monatliche »Sachbuch-Bestenliste« enthält viele verlässliche Lesetipps. Besonders schätze ich auch die unnachahmliche Art, mit der der Literaturkritiker Denis Scheck in der ARD-Literatursendung »Druckfrisch« die *Spiegel*-Bestsellerliste einordnet.

Und da ich zu den Cineasten gehöre, die wenig Filme gucken, weil sie befürchten, mit einem mittelmäßigen Film ihre Zeit zu verschwenden, habe ich vor Kurzem beschlossen, einmal in der Woche einen der Filme anzuschauen, die in Cannes mit der Goldenen Palme ausgezeichnet wurden. Bei der Vorablektüre lerne ich viel über die Geschichte des jeweiligen Films, nichts kann allerdings das eigentliche Anschauen ersetzen. Allein die Preisträger der letzten zehn Jahre stammen von Regisseur*innen aus neun verschiedenen Ländern, eine große Bandbreite des Weltkinos, von Thailand (Apichatpong Weerasethakul) über die Türkei (Nuri Bilge Ceylan) bis hin zu Österreich (Michael Haneke). Mittlerweile habe ich fast alle Filme der Liste gesehen, jetzt muss ich mich auf die Suche nach einem weiteren zuverlässigen Referenzkatalog machen. Glücklicherweise mangelt es in der Filmwelt nicht an brauchbaren Listen, die von Expert*innen zusammengestellt wurden: Alle zehn Jahre erscheint die Liste der »Top 100 Greatest Films of All Time« der renommierten britischen Filmzeitschrift *Sight & Sound* des British Film Institute, das sowohl über achthundert Kritiker*innen als auch über 350 Regisseur*innen nach den besten Filmen aller Zeiten befragt. In der letzten, 2012 erschienenen Version konnte sich Orson Welles' Meisterwerk »Citizen Kane« erstmals seit fünfzig Jahren nicht auf dem ersten Platz behaupten, sondern musste Alfred Hitchcocks Thriller »Vertigo« weichen. Bei den Regisseuren rangiert auf Platz 1 der Japaner Ozu Yasujirō mit seinem hierzulande leider kaum bekannten Film »Tokyo

Story« aus dem Jahre 1953. Wem diese Empfehlungen zu international sind, der kann sich auf die Bestenlisten des American Film Institute verlassen, die viele Klassiker von Legenden wie Steven Spielberg, Billy Wilder und Stanley Kubrick beinhalten, und die Liebhaber*innen von Komödien, Thrillern oder Liebesfilmen können sich auf die jeweiligen spezifischen Listen stürzen.

Leser*innen belletristischer Bücher haben natürlich auch ihre Anlaufstellen. So enthält die Anthologie, die der große Literaturpapst Marcel Reich-Ranicki zusammengestellt hat, viele bedeutende und herausragende deutschsprachige literarische Werke. Natürlich können auch Literaturpreise bei der Auswahl der geeigneten Lektüre hilfreich sein: wie der Nobelpreis für Literatur, der Pulitzer-Preis und der Booker Prize für englischsprachige Literatur und der International Booker Prize als internationales Pendant sowie im deutschsprachigen Raum der Deutsche Buchpreis des Börsenvereins des Deutschen Buchhandels und der Georg-Büchner-Preis.

Persönliche Zielsetzungen im Allgemeinbildungsbereich können natürlich noch viel konkreter sein. Überlegen Sie sich genau, was Sie wissen und sich merken wollen. Schreiben Sie dies auf und denken Sie dann darüber nach, wie Sie das am besten zeitnah und regelmäßig bewerkstelligen können. Ich habe mir angewöhnt, gewisse Basics, die ich von mir erwarte zu wissen, immer mal wieder zu testen. Wenn mir eine Wissenslücke auffällt, dann notiere ich sie. Sich dessen bewusst zu werden, ist der erste Schritt.

8

Pausen und Karteikastensysteme

Im Juni 2004 war es endlich so weit, ich betrat das größte Wissenschafts- und Technikmuseum der Welt. Das Deutsche Museum in München ist ein Mekka für wissbegierige Menschen. Auf einer Ausstellungsfläche von über 70 000 Quadratmetern gilt es knapp 28 000 Objekte aus den verschiedensten Bereichen der Naturwissenschaften und der Technik zu entdecken. Und genau hier lag der Haken. In meiner damaligen Hybris wollte ich nichts verpassen und scheuchte mich in fünf Stunden von Halle zu Halle. Ich wollte meine Zeit schließlich effizient nutzen und geistig so viel wie möglich mitnehmen. Rückblickend war das leider kurzsichtig. Am nächsten Morgen bei Weißwurst und einer Brezn musste ich feststellen, dass wenig hängen geblieben war. An einige Exponate, die meine Freunde so spannend fanden, konnte ich mich gar nicht mehr erinnern, und das, obwohl ich sie doch gesehen haben muss. So viel Paulaner[62] war am Abend zuvor nicht geflossen, daran kann es wirklich nicht gelegen haben. Ich ließ mich also noch einmal darüber aufklären, dass bei der ersten

62 Zur Paulaner-Gruppe gehört heute die Marke Hacker-Pschorr der Traditionsbrauerei aus München. Zur Familie Hacker gehörte auch welcher Münchner Komponist klassischer Musik, der laut eigener Aussage aus der »Hefe des Volkes« entsprang?

Tourenwagenrallye um die Welt, die 1908 in New York startete, das Fabrikat des Berliner Automobilherstellers Protos (mit Hans Koeppen am Lenkrad) als Erstes Paris erreichte. Und dass der bayerische Erfinder Wilhelm Bauer in der Mitte des 19. Jahrhunderts die ersten modernen Unterseeboote erbauen ließ.

Ich habe mich damals schlicht und ergreifend überschätzt. Nicht das erste und letzte Mal, wie ich nach weiteren Museumstouren oder Lesemarathons feststellen musste. Im Prinzip überlagerte jede neue Information die zuvor gelernten Fakten, die kaum die Möglichkeit hatten, ins Langzeitgedächtnis überzugehen. Bereits 1956 wies der US-amerikanische Psychologe George Miller in einer der meistzitierten Studien des Fachs darauf hin, dass wir gleichzeitig nur 7 ± 2 Informationseinheiten, sogenannte Chunks, im Kurzzeitgedächtnis behalten können. Dies sei genetisch festgelegt und könne auch durch Training nicht gesteigert werden. Hätte ich das nur vorher gewusst! Manchmal ist weniger tatsächlich mehr. Aber nicht nur bei den Informationen, die man innerhalb einer sehr kurzen Zeitspanne aufnimmt, auch die Länge der Lernphasen sollte man bewusst im Auge behalten.

Natürlich kennen wir alle Beispiele, bei denen eine Form des Bulimie-Lernens erfolgreich verlief. Ich habe mir oft die Lateinvokabeln erst auf dem Weg zur Schule reingepfiffen. Für den Test hat es am Ende ausgereicht, Zeit zum Vergessen blieb ja auch nicht, aber wirklich lange habe ich die Vokabeln nicht behalten, genauso wie alles andere, was ich auf den letzten Drücker vor

Prüfungen in mein Hirn zwängte. Manchmal ging es einfach nicht anders, denn ich habe einen gewissen Hang zur Prokrastination.

Zum effektiven Lernen gehören aber sinnvolle Pausen. Diese sind keine Zeitverschwendung, wie ich eine Zeit lang fälschlicherweise glaubte, vielmehr dienen sie der Regeneration unserer geistigen Kräfte, sie gliedern die Lernzeit und steigern die Leistungen. Sie sind schlichtweg essenziell für einen langfristigen Lernerfolg. Im Sport gehört für viele Läufer*innen das Intervalltraining schließlich auch zu den wichtigsten Trainingseinheiten.

In unseren Schulen wird dies mit den 45-minütigen Unterrichtseinheiten vorbildlich gehandhabt. Studien zeigen, dass nach 45 bis 60 Minuten konzentrierten Lernens eine fünf- bis zehnminütige Pause sinnvoll ist, da die Leistungsfähigkeit danach rapide abnimmt. Wesentlich länger als zehn Minuten sollte die Pause jedoch nicht dauern. Auch sind mehrere kurze Pausen grundsätzlich besser und erholsamer als eine lange, da diese die Wiederaufnahme des Lernprozesses erschweren und die Lernmotivation verringern kann.

In den Pausen sollte man etwas ganz anderes machen: sich beispielsweise körperlich ertüchtigen oder Dinge erledigen, die nicht viel Zeit beanspruchen. Ich nutze die Pause meist, um den Müll wegzubringen, zum Briefkasten zu gehen oder um meine Spülmaschine auszuräumen. Manchmal schaue ich mir auch einfach lustige Katzenvideos im Internet an.

Pausen sind übrigens auch beim Lesen sinnvoll, um

trancehafte Lesezustände zu vermeiden, in denen durch den Konzentrationsabfall die Aufnahme der Inhalte kaum mehr stattfindet. Auch wenn ich gerade mitten in einem spannenden Sachbuch bin oder ein Magazin oder die Tageszeitung zu Ende lesen möchte, zwinge ich mich zu einer Pause. Mein Handywecker hilft mir dabei, mich in regelmäßigen Abständen daran zu erinnern.

Ein weiterer wichtiger Aspekt beim Lernen ist das Prinzip der »verteilten Wiederholung« (*spaced repetition*). Man kann es auch Intervalllernen nennen. Es gibt eine natürliche Vergessenskurve, die bereits der deutsche Psychologe Hermann Ebbinghaus im 19. Jahrhundert eingehend erforschte. Innerhalb einer Stunde vergessen wir 50 Prozent des neu hinzugewonnenen Wissens wieder. Natürlich ist der Wert selbst von einigen Faktoren abhängig wie Vorwissen, Lernumständen und Tagesleistung. Der Psychologe verwendete bei seinen Untersuchungen zudem sinnfreie Buchstabenkombinationen, um klare Forschungsergebnisse zu erzielen. Vollständig übertragbar auf die reale Lebenssituation ist dies jedoch nicht. Dennoch ist klar, dass wir Informationen, an die wir uns langfristig erinnern wollen, regelmäßig wiederholen müssen. Wesentlich effektiver als intensive Lernblöcke sind deshalb verteilte Lerneinheiten, deren Abstände immer größer werden. Der sogenannte »spacing effect« besagt, dass wir mehr und besser lernen, wenn die Inhalte über einen längeren Zeitraum erlernt werden. Das ist das Gegenteil vom Bulimie-Lernen.

Das Lernen mit der Karteikartenbox ist eine erfolgreiche Methode, die sich nicht nur zum Auswendiglernen von Vokabeln eignet. Zunächst sind alle Karten im ersten Fach. Die Karten sind zweiseitig, jeweils mit einer Frage oder Aufgabe auf der einen Seite, beschriftet, auf der anderen steht die korrekte Antwort. Wenn die Aufgabe der Karte richtig gelöst wird, wandert sie ins nächste Fach, falls dies nicht gelingt, muss sie wieder ins erste Fach gelegt werden. Die Fächer haben unterschiedliche Größen, und sobald ein Fach voll ist, kann man daran arbeiten, das nächstfolgende zu füllen. Entwickelt hat diese einfache Methode der deutsche Publizist Sebastian Leitner, nach dem dieses System auch benannt ist. Für einige Fächer gibt es heutzutage Karten-Sets zu kaufen, oder man lernt gleich online oder per App. Mittels intelligenter Algorithmen wird das richtige Tempo für Wiederholungszyklen gefunden und dem Lernenden angepasst. Man kann aber auch die gewünschte Lernintensität in den Funktionen selbst auswählen.

Ein empfehlenswertes Programm ist die optisch schlichte, aber breit einsetzbare Software Anki, die für alle gängigen Betriebssysteme verfügbar ist. Es können zudem Bilder, Videos oder Sprachaufnahmen eingesetzt werden. Der Name geht auf das japanische Wort für Auswendiglernen zurück. Lassen Sie also den idealen Wiederholungszeitpunkt systematisch erfassen und lernen Sie nach dem erprobten System. Der beste Zeitpunkt zum Wiederholen ist übrigens dann, wenn wir kurz davor sind, etwas zu vergessen. Eine verblüffende

Studie aus den Achtzigerjahren offenbart etwas Bemerkenswertes: Zwei Gruppen von Testpersonen lernten Spanisch. Gruppe 1 wurde zügig einem Vokabeltest unterzogen, Gruppe 2 wurde erst wesentlich später geprüft. Natürlich schloss die erste Gruppe im Durchschnitt wesentlich besser ab. Acht Jahre später wurden die Testpersonen jedoch noch einmal getestet. Nun schnitt die zweite Gruppe um ein Vielfaches besser ab. Langfristig ist es also besser, wenn man beim Lernen auf die Abstände achtet. Lassen Sie sich an diesen Punkt erinnern! Eine Garantie gibt es natürlich nicht, da dieser Punkt individuell unterschiedlich ist. Wecker und System können allerdings helfen.

9

Fragen Sie Ihren Arzt oder Apotheker: Die goldene Trias für ein gesundes Gehirn

»Mens sana in corpore sano«[63] – zu Deutsch etwa »ein gesunder Geist in einem gesunden Körper« –, das wussten schon die alten Römer! Auch wenn der Ausspruch des Satirikers Juvenal etwas aus dem Zusammenhang gerissen worden ist, ein nicht ganz unübliches Schicksal antiker Zitate, so äußerte sich der römische Autor damit eher spöttisch über ständig betende Bürger. Es war weniger ein Warnspruch aufgrund des Übermaßes traubenbasierter Freuden zu Ehren von Bacchus noch aus dem Grund, dass die Römer keinen ihrer sieben Hügel mehr ohne Schnappatmung besteigen konnten.

In der Fehlinterpretation steckt dennoch ein wahrer Kern. Geistige Top-Leistungen setzen auch einen verantwortungsvollen Umgang mit dem eigenen Körper voraus. Zum Trainingsplan der weltbesten Schachspieler wie Magnus Carlsen und Fabiano Caruano gehört daher nicht nur der Griff zu den Figuren, sondern auch mal zur

---

63 Der Name welcher japanischen Sportschuh- und Bekleidungsmarke geht auf den verwandten lateinischen Spruch »Anima sana in corpore sano« zurück?

Hantel. Um den Läufer effektiv im Endspiel nutzen zu können, wird man selbst zu einem.

Regelmäßiger Sport fördert nachweislich die Durchblutung in unserem Denkorgan und lässt die Nervenzellen und Verknüpfungen im Hippocampus, dem Lernzentrum im Gehirn, wachsen. Dadurch kann auch das Erinnerungsvermögen gestärkt werden. Der positive Effekt ist zudem umso stärker, je älter man ist. Insbesondere Ausdauertraining wie Jogging oder Fahrradtouren, aber auch Koordinationsübungen zeigen eine Wirkung. Durch sportliche Herausforderungen werden im Körper Neurotrophine freigesetzt, die für die Bildung von Neuronen sowie deren Verbindungen entscheidend sind. Das mag auch damit zusammenhängen, dass beim und nach dem Sport Hormone wie Dopamin ausgeschüttet werden. Dieser körpereigene Botenstoff wirkt nicht nur stimmungsaufhellend, sondern auch positiv auf kognitive Prozesse, denn er kann unsere Konzentrationsfähigkeit verbessern. Bis heute sind sich die Hirnforscher über die genauen Prozesse zwar nicht ganz im Klaren, doch dass die Denkleistung bei moderatem Sport gesteigert werden kann, gilt als erwiesen. Einige Wissenschaftler bezeichnen es gar als »Reset«, da die Gehirnaktivität sich vom präfrontalen Kortex, der für das abstrakte und logische Denken zuständig ist, auf den für körperliche Bewegungen und Koordination verantwortlichen motorischen Kortex verlagert. Und noch eine gute Nachricht an alle Sportmuffel: Es reichen schon wenige, kurze Einheiten körperlicher Ertüchtigung in der Woche. Man braucht nicht für den Marathon zu trainieren, schon ein hohes Gehtempo bei schnellen Spaziergängen erhöht das Hirnvolumen der Denkregionen. Sport ist eben kein Mord, sondern im Gegenteil ein Geburtshelfer von Nervenzellen und ein wichtiger Baustein geistiger Fitness.

Allerdings darf man die Wirkung des Sports auch nicht überschätzen und schon gar nicht dem Fehlschluss unterliegen, dass bei Menschen ohne Bewegung das Gehirn einschläft. Der legendäre Astrophysiker Stephen Hawking[64], der den Großteil seines Lebens durch die degenerative Erkrankung des motorischen Nervensystems ALS[65] an den Rollstuhl gefesselt und nur minimal bewegungsfähig war, ist wohl ein leuchtendes Beispiel dafür, dass Bewegung keine notwendige Voraussetzung für geistige Höchstleistungen ist.

Ich beneide alle aus meinem Freundeskreis, die mit wenig Schlaf auskommen. Meinem japanischen Kumpel Takefumi reichen meist nur fünf Stunden. Ich konnte das über viele Jahre nicht glauben, muss es nach einem gemeinsamen Trip jedoch neidlos anerkennen. Von einigen prominenten Leistungsträger*innen wie Angela Merkel berichtet man Ähnliches, auch wenn ihre Lider manchmal ein Defizit zu beklagen scheinen, kein Wunder bei diesem Arbeitspensum. Es ist wohl

---

64   Die Hawking-Strahlung ist eine postulierte Strahlung welcher Objekte im All, zu der der britische Physiker maßgeblich geforscht hat?

65   Bei welcher Spendenkampagne und zum viralen Internethit mutierten »Challenge« machten sich 2014 Prominente nass, um auf die Krankheit hinzuweisen und zum Spenden zu animieren?

wie so oft die genetische Lotterie, die den Unterschied macht. Ich wollte mich lange nicht damit abfinden und zwang mich, weniger als die etwa acht Stunden, die ich benötige, meinem Körper und Geist als Ruhephase zu geben – eine törichte Idee, die auch meinen mentalen Leistungen nicht zuträglich gewesen ist. Die tägliche Nachtruhe ist keine vertane Zeit, wenngleich die optimale Dauer jede*r selbst für sich bestimmen muss.

Im Schlaf scheint es zu einer Reaktivierung der am Tage gesetzten Gedächtnisspuren zu kommen. Die neurophysiologischen Prozesse, die dabei ablaufen, sind wichtig und notwendig für das Erinnerungsvermögen. In der Tiefschlafphase wandern die Informationen vom Zwischenspeicher ins Langzeitgedächtnis. Mitursächlich sind sogenannte Deltawellen, die, von der Hirnrinde ausgehend, das Gehirn in positive Schwingungen versetzen. Diese beeinflussen auch den Austausch zwischen den Hirnregionen, die essenziell für das Denken und Erinnern sind, indem sie sie so erregen, dass Gedächtnisinhalte in das Langzeitgedächtnis übertragen werden können. Hirnforscher sprechen hier von einem neuronalen »Replay«, play it again!

Man kann diesen Effekt sogar aktiv fördern, indem man sich das, was man gelernt hat, noch einmal anschaut, bevor man sich ins Land der Träume begibt. Dann wächst die Wahrscheinlichkeit, dass der Stoff am nächsten Morgen abrufbar ist und nicht vom Gehirn aussortiert wurde. Einige Forscher gehen sogar davon aus, dass wir in Zukunft den Konsolidierungsprozess im Gehirn mit dem Abspielen bestimmter Töne fördern können. Neue Vokabeln wird man mit der nächtlichen Beschallung zwar nicht, wie von vielen Schüler*innen sehnlichst erwünscht, in den Schädel transportieren können, das Lernen kann uns (noch) nicht abgenommen werden, aber wir werden womöglich im Schlaf auf andere Art und Weise weiterlernen.

Die Trinität gesunder Lernumstände vervollständigt natürlich unsere Ernährung. Obwohl unser Gehirn nur etwa zwei Prozent der Masse ausmacht, verbraucht es etwa ein Fünftel des körperlichen Gesamtenergieverbrauchs. Warum setzen Diäten eigentlich nicht vermehrt auf Denksport? Schachspieler verbrennen nachweislich große Mengen an Kalorien während einer Partie, obwohl sie lediglich stundenlang am Tisch sitzen und die schwerste Bewegung das Führen der Figuren ist. Nach mehrtägigen Meisterschaftswettkämpfen berichten viele Mentalathleten, dass ihre Waage weniger stark ausschlägt.

Zwar kann man die Weisheit nicht mit Löffeln essen, die richtige Ernährung und insbesondere einige Lebensmittel können sich aber positiv auf den Stoffwechsel im Gehirn und damit auch auf unsere geistige Leistungsfähigkeit auswirken. Dafür muss man jedoch nicht das neueste Super-Brainfood aus dem Amazonas-Dschungel oder dem Himalaya zu sich nehmen. Denn das einfachste Mittel steht uns allen in ausreichendem Maße zur Verfügung: Wasser. Das Gesundheitsmantra der Mediziner »viel trinken« ist auch für einen fitten Kopf anzustimmen. Bekanntlich werden traditionell zwei

Liter Wasser oder Tee empfohlen. Die ausreichende Flüssigkeitsaufnahme sorgt auch dafür, dass Kopf und Körper durchblutet und damit auch mit ausreichend Sauerstoff versorgt werden.

Die gut gemeinten Traubenzuckerwürfel, die meine Mutter mir vor Schulprüfungen in die Hand drückte, sind jedoch höchstens für Kurztests zu empfehlen. Sie werden zwar zügig vom Körper absorbiert, aber nach dem schnellen Zuckerkick, der meist nur etwa 15 bis 20 Minuten anhält, folgt ein Energietief, das in ein Leistungsloch münden kann. Komplexe Kohlenhydrate – beispielsweise in Vollkornbroten und Haferflocken – sind eine wunderbare Frühstücksquelle für die kontinuierliche Energiezufuhr. Desgleichen dürfen Obst und Gemüse nicht fehlen, denn sie enthalten wichtige Mehrfachzucker, die den Blutzuckerspiegel auf einem günstigen Niveau halten, auch für das Denken.

Neben Kohlenhydraten ist natürlich auch die tägliche Zufuhr von Fetten und Proteinen für unsere Hirnfunktionen unerlässlich. Fett ist allerdings nicht gleich Fett, weder an unserem Körper noch für unseren Kopf. Insbesondere mehrfach ungesättigte Fettsäuren, beispielsweise Omega-3-Fettsäuren, stärken die Hüllen der Nervenzellen und vereinfachen so eine Informationsübertragung. Sie finden sich u. a. in großer Konzentration in Leinöl, aber auch in anderen pflanzlichen Fettverbindungen wie Rapsöl und Walnussöl, Fischen wie Lachs, Aalen, Sardellen und Sardinen oder Nüssen, insbesondere Walnüssen, aber auch Pekannüssen, Erdnüssen und Mandeln. Gerade Nüsse gelten aufgrund des Reichtums an B-Vitaminen und Mineralstoffen zu Recht als Power- und Brainfood. So habe ich auf meinem Schreibtisch stets eine prall gefüllte Nussschale stehen. Nicht nur Studierende sollten regelmäßig zum Studentenfutter greifen, das früher tatsächlich zur Stärkung des Geistes verschrieben worden ist. Der Name rührt aber wohl nicht daher, dass die Mischungen eine günstige Zwischenmahlzeit für arme Studenten darstellen, im Gegenteil: Es waren die Sprösslinge gut betuchter Familien, die damals von ihren Eltern an die Universität geschickt wurden und sich die teuren Nusspackungen mit Mandeln leisten konnten. Diese waren aber eher deshalb so beliebt, weil sie angeblich gut gegen den Kater am nächsten Morgen sein sollten.

Aus neurologischer Sicht ist es wünschenswert, sein Gehirn erst gar nicht in den Notstand zu versetzen. Regelmäßiger übermäßiger Alkoholkonsum schadet nicht nur der Leber, sondern auch den Gehirnzellen. Auch Alkohol in kleineren Mengen kann Gift sein, es gibt jedoch bisher keine eindeutigen Hinweise, dass sich moderater Alkoholkonsum langfristig negativ auf unsere kognitiven Fähigkeiten auswirkt. Das gute Glas Rotwein oder das Feierabendbier muss ich Ihnen also nicht vermiesen. Es würde ja auch nicht zu mir passen, schließlich bin ich ein »Brauereikind«, meine Mutter, ihr Lebensgefährte und mein Großvater haben ihr gesamtes Arbeitsleben bei Bierproduzenten gearbeitet. Die flüssigen Gaumengenüsse sorgen zumindest auch für den Ausstoß von Glückshormonen, die ebenfalls wichtig sind für unsere Lernleistungen. Vielleicht folgt man am besten dem Ratschlag von Professor Crey, dem verplanten Chemielehrer aus der legendären Filmkomödie »Die Feuerzangenbowle« (1944), der da lautet: »Jeder nur einen wönzigen Schlock.«

Auch der regelmäßige Konsum von Süßigkeiten, Fertigprodukten oder stark gesüßten Softdrinks kann sich ungünstig auf unsere mentalen Leistungen auswirken. Salopp gesagt läuft man Gefahr, gleichzeitig dick und doof zu werden. Ungesunde Nahrung kann nämlich zu Schäden im Hippocampus führen, der Hirnregion, die für das Gedächtnis und die Appetitsteuerung zuständig ist. Durch die enge Verknüpfung mit dem Blutkreislauf ist sie besonders anfällig. Das ist in doppelter Hinsicht ungünstig, denn durch die gestörte Appetitregulation steigt das Verlangen nach mehr »Dumb food«. Glücklicherweise zieht sich ein solcher Prozess recht lange hin, nach dem Genuss von ein paar Whoppern und McFlurrys[66] ist das Gehirn noch nicht verstopft. Dennoch kann eine vornehmlich darauf basierende Diät eine Demenzerkrankung fördern und beschleunigen. Von einer Super-Size-Me-Diät, wie sie der US-amerikanische Regisseur und Dokutainment-Filmer Morgan Spurlock vorlebte, ist daher abzuraten. Er ernährte sich für seinen gleichnamigen Film dreißig Tage lang ausschließlich bei McDonald's.

Ein Allheilmittel, das den Kopf von alleine auf Hoch-

66 Die renommierte britische Wochenzeitschrift *The Economist* nutzt den Preisvergleich welcher Cheeseburger-Variante von McDonald's als Grundlage eines Kaufkraft-Indexes zwischen den Währungen verschiedener Länder?

touren bringt, oder eine legale Wunderdroge gibt es nicht. Wie so oft gilt auch bei der Ernährung: Die gute Mischung macht's, und alles in Maßen. Und wenn doch der kleine Heißhunger kommt, müssen sich Naschkatzen nicht nur auf Blaubeeren und Brokkoli beschränken, sondern können guten Gewissens auch mal zu einer Tafel dunkler Schokolade greifen.

Ich sage es ganz offen: Wenn Sie tagsüber in einer der drei lernfördernden Dimensionen achtsam unterwegs sind, dann ist das schon einmal eine gute Grundlage. Wenn Sie es in der Regel bei zwei schaffen, dann haben Sie mein Ziel erreicht. Und wenn Sie in allen dreien achtsam sind, dann Respekt! Aber denken Sie daran, der eine oder andere Cheat-Day ist auch für die geistige Gesundheit nicht verkehrt.

Der spanische Neurologe und Nobelpreisträger der Medizin Santiago Ramón y Cajal sagte vor fast hundert Jahren Folgendes: »Im erwachsenen Gehirn sind die Nervenbahnen starr und unveränderlich. Alles kann sterben, aber nichts kann regenerieren.« Diese Behauptung deckt sich mit der auch heute weitverbreiteten Annahme, man sei ja bereits viel zu alt, um noch etwas Neues lernen zu können. Und dann lässt man es lieber. Dass man mit fortgeschrittenem Alter langsamer lernt und mehr Energie und Zeit investieren muss, um etwa eine neue Sprache zu erlernen, stimmt tatsächlich. Die Vorstellung, dass wir unseren geistigen Höhepunkt mit Mitte zwanzig erreicht haben, ist allerdings wissenschaftlich umstritten. Zwar könne man feststellen, dass jüngere Menschen im Durchschnitt bei vielen Aufgaben über eine höhere kognitive Verarbeitungsgeschwindigkeit verfügen, doch Menschen fortgeschrittenen Alters können ihr Manko durch Erfahrung und kristalline Intelligenz kompensieren. In vielerlei Hinsicht ist daher der körperliche Verfall über die Jahre wesentlich deutlicher als der geistige, der ausgeglichen werden kann.

Lange Zeit hielt man das Gehirn des Menschen für unveränderlich. Heute weiß man, dass in unserem Gehirn nichts für ewig statisch ist. Dank Neuroplastizität und Neurogenese verändert es sich fortlaufend. Auch im fortgeschrittenen Alter werden stets neue Nervenzellen gebildet, Mediziner sprechen dann von adulter Neurogenese. Im Hippocampus eines Erwachsenen werden täglich einige Tausend neue Nervenzellen produziert. Relativ zu den hundert Milliarden Neuronen, aus denen sich unser Denkorgan zusammensetzt, mag dies zwar wenig erscheinen. Doch die jungen Nervenzellen sind insbesondere aufgrund ihrer Erregbarkeit, Flexibilität und Vielseitigkeit von essenzieller Bedeutung, da sie ihre Verbindungen zu anderen Neuronen schneller und leichter stärken, aber auch abschwächen können. Allerdings ist das Ausmaß der Neubildung von Nervenzellen auch vom eigenen Verhalten abhängig. Nicht nur geistige, sondern auch körperliche Aktivitäten fördern die Produktion neuer Neuronen – also das Erlernen einer Fremdsprache genauso wie regelmäßiger Sport, insbesondere koordinative körperliche Übungen wie Tanzen oder Jonglieren. Inwiefern die jungen Zellen dann effektiv in unsere neuronale Architektur integriert werden können, hängt auch davon ab, welche Lernreize wir den frischen Zellen bieten. Körperliche und geistige Ertüchtigung ist in jedem Fall die beste Vorsorge gegen Alzheimer. Das haben auch Forscher aus den USA nachgewiesen.

10

Weitere Tipps fürs Gedächtnistraining

Wir verknüpfen beim Erlernen neuer Sachverhalte das Gelernte mit der Lernumgebung. Sie wiederum unterscheidet sich durch viele Merkmale, vom Geruch bis hin zur Geräuschkulisse, all das spielt eine Rolle beim Lernen, auch wenn wir das oft gar nicht bewusst merken. Natürlich eignen sich gewisse Orte besser zum Lernen, notwendige Vorbedingung allerdings ist, dass man sich da, wo man vorhat zu lernen, auf den Lernprozess konzentrieren kann. Ich kenne viele Menschen, die auf ihren präferierten Lernort schwören, sei es ihr aufgeräumter Schreibtisch samt Familienfotos oder ein Fensterplatz in der Bibliothek.

Diese vermeintliche Disziplin hatte ich nie, ich bin schon immer ein Wanderer ohne festen Leseplatz. Ob in vollen U-Bahn-Zügen, auf der Wiese im Park oder in der Badewanne, ich kann mich fast überall konzentrieren. Zu den ungewöhnlichsten Orten, an denen ich gelernt habe, zählen sicherlich der Friedhof, auf dem sich das Grab meiner Großeltern befindet – dort habe ich Chinesisch-Vokabeln geübt –, und ein Fußballstadion, dessen Namen ich lieber nicht nenne, dort habe ich mich, im Plastikschalensitz sitzend, lieber meiner spannenden Lektüre gewidmet, nachdem die stimmungsgeladenen

Anfeuerungschöre aus den Kurven ausgeblieben waren und beide Mannschaften praktisch Leistungsverweigerung betrieben. Was für manche wie ein eigenartiger Spleen wirken mag, hat mir beim Lernen stets wichtige Dienste erwiesen.

Wie kommt es, dass unser Gedächtnis auch an räumliche Umgebungen gebunden ist? Wenn ich gleiche und ähnliche Informationen an unterschiedlichen Orten aufnehme, sind diese nicht mehr an einen einzigen Ort gebunden. Bereits 1978 hat ein Forschungsteam beim Vergleich zweier Lerngruppen nachweisen können, dass diejenigen, die im selben Raum getestet wurden, in dem sie auch gelernt hatten, besser abschnitten als diejenigen, die dafür die Räume wechseln mussten. Zwar konnten einige Folgestudien das Ergebnis nicht so reproduzieren, wie es wissenschaftlich geboten wäre, dennoch gilt die Verknüpfung von Wissen und Orten als gesichert, wie die Entdeckung von »place cells« auch neurologisch untermauert. Da wir unser Leben nicht innerhalb der gleichen vier Wände verbringen wollen und können, gilt auch bei unseren Lernumgebungen das Gebot der Diversifizierung.

Etwas erschreckend ist jedoch das Ergebnis einer weiteren Studie, die die Verbindung von Lernen, Erinnerung und der Raumumgebung nachweist. Sie kennen das sicher: Sie stehen auf, gehen in einen anderen Raum und stehen da, plötzlich ohne Ahnung, was Sie eigentlich wollten. Ist das schon Alzheimer? Nein, nur der »räumliche Aktualisierungseffekt« – so nennen zumindest Psycholog*innen das allseits bekannte Phänomen.

2012 untersuchten der renommierte Gedächtnisforscher Gabriel Radvansky und sein Team an der University of Notre Dame den Einfluss der räumlichen Umgebung auf unsere Merkfähigkeit mit diesem kleinen Twist. Sie baten rund sechzig Testpersonen, einige Gedächtnisübungen zu machen. So sollten sie unter anderem Gegenstände in verschiedene Kisten verstauen oder diese von einem Tisch zu einem anderen tragen. Die Reihenfolge sollten sie später wiederholen. Wie in solchen Experimenten üblich, unterteilte man die Studienteilnehmenden in zwei Gruppen. Die erste Gruppe sollte die Erinnerungsaufgabe im selben Raum durchführen, die zweite musste währenddessen im Raum herumgehen und diesen durch eine Tür verlassen. Türen als Gedächtniskiller? Zumindest ein Argument für ungeliebte Großraumbüros. Oder gleich die Arbeit ins Freie verlegen?

Einen positiven Einfluss auf die Merkfähigkeit kann nachweislich auch die Schriftart haben, in der wir Texte lesen. Man könnte annehmen, dass diese wächst, je leichter es uns fällt, eine Schrift zu lesen, aber bis zu einem gewissen Grad scheint genau das Gegenteil der Fall zu sein. Ein australisches Forschungsteam, zu dem Verhaltenspsycholog*innen und Designer*innen vom Royal Melbourne[67] Institute of Technology gehörten,

---

67 Die australische Millionenmetropole Melbourne ist die Hauptstadt von welchem Bundesstaat? Die Stadt wurde nach dem Premierminister und britischen Adligen William Lamb, dem 2. Viscount Melbourne, benannt, der wiederum Mentor der

hat vor einigen Jahren eine Schriftart entwickelt, die das Lesen absichtlich erschwert. Sie tauften sie passenderweise »Sans Forgetica«, was etwa so viel wie »unvergesslich« bedeutet. Die Buchstaben sind nach links geneigt, lückenhaft, und haben variierende Abstände und Höhen. Diese »erwünschte Erschwernis« bewirkt, dass wir dem Text mehr Aufmerksamkeit widmen müssen und geistig länger daran haften bleiben, oder anders gesagt: Wir müssen mehr investieren, um Informationen zu extrahieren. Ein Experiment mit über vierhundert Student*innen[68] hatte folgendes Ergebnis: Nach der Lektüre eines Textes in Sans-Forgetica-Schrift konnten die Testpersonen 57 Prozent der Informationen behalten. War der Text in der populären, serifenlosen Schriftart Arial präsentiert worden, blieb nur die Hälfte der Information hängen. Ein Unterschied von sieben Prozent mag gering erscheinen, er ist jedoch durchaus bemerkenswert. Die Schrift steht übrigens kostenlos zum Download zur Verfügung und kann zudem in den Google-Browser Chrome per Plug-in integriert werden, um so einfacher Texte online umwandeln zu können.

Ein anderer Trick: Jörg Schenk, mein Partner bei den

---

britischen Königin war, die dem gesuchten Bundesstaat ihren Namen gab.

68 Die Aussagekraft von psychologischen Studien wird zunehmend infrage gestellt, da die Studienteilnehmenden stark überproportional aus »WEIRD«-Gesellschaften stammen. Das sei nicht nur komisch, sondern stelle eine enorme Verzerrung da. Das W steht für »western«, das E für »educated«, das I für »industrialized«, wofür stehen die beiden Buchstaben R und D?

Berliner Quizmeisterschaften in den Doppelwettbewerben, schwört darauf, vor dem Wettkampf Rosmarinöl zu schnüffeln. Der diplomierte Biochemiker hat bei jeder Meisterschaft sein kleines Döschen dabei und hält es sich vor dem Startsignal unter die Nase.[69] Da wir bisher jedes Mal die Goldmedaille sichern konnten, muss ja vielleicht irgendetwas dran sein an der Vorstellung, dass Rosmarin gut fürs Gehirn ist. Es ist ein seit Jahrhunderten bewährtes Mittel, wie ich mich belehren lassen musste. Im antiken Griechenland trugen Studenten Rosmarinkränze, um ihr Gedächtnis und ihre Gehirnleistung zu verbessern, und bei William Shakespeare[70] überreicht die schöne Ophelia das Lippenblütlergewächs ihrem Hamlet mit folgenden Worten: »There's rosemary, that's for remembrance«, also frei übersetzt: Hier hast du Rosmarin, damit du dich erinnerst. Am besten schon beim Lernen zu sich nehmen und nicht erst kurz vor dem Test. Eine Placebo-Wirkung ist bei Jörg zumindest nicht auszuschließen.[71]

---

69 Die Nase, oder auch Schnabel genannt, wurde 2010 zum zweiten Mal zum »XXX des Jahres« gekürt. XXX steht für welche Gruppe von Tieren?

70 Die sechs Jahre ältere Ehefrau William Shakespeares, der ihr gemäß seinem Testament nur das »zweitbeste Bett« hinterließ, teilte sich ihren Namen mit welcher US-amerikanischen Oscarpreisträgerin, die 2013 für ihre Darstellung der »Fantine« ausgezeichnet worden ist?

71 Welche Sportikone obsiegte im Film »Space Jam« beim sportlichen Wettkampf gegen die MonStars, indem sie ihren niedergeschlagenen Teammitgliedern Charles Barkley und Patrick Ewing ihren vermeintlichen Wunderdrink »Secret Stuff« verabreichte? Das geheime Zeug war lediglich Wasser.

Bisher gibt es im noch jungen Quizsport keine Liste verbotener leistungssteigernder Mittel und daher auch keine Tests. Ganz frei von Betrug sind die Wettkämpfe aber nicht, altmodische Mittel wie Sichtschutzblenden, die das Abgucken beim Tischnachbarn unterbinden sollen, gibt es immerhin. Ja, leider, auch bei Erwachsenen ist so etwas nötig. Förderlich für den sauberen Denksport ist sicherlich auch, dass die großen Dopingweltmeister uns noch nicht auf dem Schirm haben.

WISSENSHACKS
IM ALLTAG

1

Das Wissen liegt auf der Straße

Haben Sie sich schon einmal gefragt, worauf der Name der Straße zurückgeht, in der Sie wohnen? Klar, antworten die meisten, die ich gefragt habe. Gut, bei »Berliner Straße« auch nicht so schwer. Aber machen Sie sich auch schon mal Gedanken über Straßennamen, wenn Sie unterwegs sind? Wohl die wenigsten von Ihnen. Warum eigentlich nicht? Es ist doch eine wunderbare Freizeitbeschäftigung, im wahrsten Sinne: Wissen to go!

Ein Beispiel: Sie sind in Berlin und machen eine kleine Shoppingtour auf dem altehrwürdigen Kurfürstendamm. Wenn Sie ihn nun einmal ablaufen und die Namensgebenden der Querstraßen und angrenzenden Plätze googeln, eröffnet sich Ihnen eine neue Wissenswelt. Da stößt man auf einen der Gründerväter der modernen Geschichtswissenschaft (Rankestraße), erfährt, dass einer der bedeutendsten deutschen Dichter des 19. Jahrhunderts Abgeordneter im ersten gesamtdeutschen Parlament, der Frankfurter Nationalversammlung, gewesen ist (Uhlandstraße), kommt in Kontakt mit der spannenden Kunstrichtung Neue Sachlichkeit (George-Grosz-Platz), lernt, dass ein wichtiger Außenminister der Weimarer Republik Sohn des Gründers des ehemaligen deutschen Elektronikriesen AEG war (Rathenauplatz), und kann einen geistigen Ausflug an die Ostsee nach Danzig machen (Olivaer Platz). Wie weit die Reise dann geht, entscheiden Sie selbst. Natürlich sind nicht alle Straßen so ergiebig wie die Westberliner Einkaufsmeile, zugegeben, wenn Sie die Haupt-, Schul-, Garten-, Dorf- oder Bahnhofstraße entlanglaufen – das sind übrigens die fünf häufigsten Straßennamen in Deutschland –, dann ist der Wissenszuwachs nicht gerade groß oder beginnt eben erst ein paar Straßen weiter.

Diese Methode der Wissensaufnahme erweist sich auch deshalb als besonders erfolgreich, weil wir das hinzugewonnene Wissen örtlich verknüpfen: also beispielsweise eine historische Person wie Konrad Adenauer (Adenauerplatz) mit einer Vielzahl von optischen, akustischen und olfaktorischen Reizen verbinden. Beim einfachen Gang durch die Straße werden ständig unterschiedliche Hirnregionen angesprochen, ob das Hörzentrum durch die Geräusche der Passanten und Autos, das Riechzentrum durch den Duft der frischen Pizza aus der Trattoria oder das Sehzentrum durch all das, was man um sich herum sieht. Wenn auch diese Einzigartigkeit der Sinneseindrücke nicht unbedingt inhaltlich zu Konrad Adenauer passen mag – wobei: Der erste Bundeskanzler war als Erfinder der vegetarischen Wurst und des »Kölner Brots« selbst kulinarisch tätig, seine Leibspeise waren jedoch rheinische Apfelpfannkuchen –, es bleibt eher hängen als der reine Blick auf den Stadtplan, weil wir persönliche Eindrücke mit Zusatzinformationen verknüpfen. Wenn Sie sich also angewöhnen, die Herkunft von Straßennamen zu ergründen, dann können Sie Ihren Wissenshorizont binnen kurzer Zeit spielerisch erweitern, vor allem in Gebieten wie Geografie, Geschichte und Kultur.

Mir sicherte das zuletzt bei den Deutschen Quizmeisterschaften 2020 den Doppeltitel zusammen mit meinem »Jäger«-Kollegen und guten Freund Sebastian Jacoby. 75 der hundert Fragen konnten wir korrekt beantworten und landeten damit denkbar knapp nur mit einem Punkt Vorsprung vor unseren Konkurrenten. Nun zählte jede richtige Antwort einen Punkt und war damit entscheidend für den Sieg. Dass ich die passende Antwort zu folgender Frage beisteuern konnte, erfreute mich besonders: »Welches nach seinem ersten Eintrag benannte lateinisch-althochdeutsche Glossar gilt mit einem Entstehungsdatum im 8. Jahrhundert als ältestes erhaltenes Buch in deutscher Sprache?«

Denn einen Monat zuvor hatte ich das Glück, bei der Tagung eines großen Wirtschaftsverbandes in Rottach-Egern einen Vortrag zu halten. Dieser fand ausgerechnet in den Veranstaltungsräumen eines Hotels in der Aribo-Straße statt. Aribo von Freising war Bischof und gilt als erster Schriftsteller deutscher Herkunft sowie als potenzieller Verfasser des Codex Abrogans, der gesuchten Antwort. Dass ich bei seinem Namen sofort an das Unternehmen hinter den Goldbären denken musste, mag meinem Erinnerungsvermögen nicht nachträglich gewesen sein. Vier Wochen später war das Wissen zumindest Gold wert.

Nach Ende der Tagung spazierte ich bei schönstem Winterwetter durch die Gegend und könnte mir damit vielleicht für die Zukunft noch weitere Titel sichern, etwa wenn nach der ersten Fotografie Deutschlands gefragt werden sollte. An die Aribo-Straße grenzt nämlich die Franz-Kobell-Straße, benannt nach dem im 19. Jahrhundert tätigen deutschen Schriftsteller und Mineralogen. Seine literarischen Werke sind heute so gut wie vergessen. Mit seinem Kollegen, dem Physiker, Astronomen und Optiker Carl August von Steinheil, nahm er jedoch 1839 die wahrscheinlich erste Fotografie in Deutschland auf. Es war ein Bild von der Münchner Frauenkirche.

Auch in Städten außerhalb Deutschlands macht es Spaß, auf diese Weise sein Wissen zu vergrößern. Auf dem Weg zur nächsten Sightseeing-Attraktion etwa kann man beispielsweise dem Ursprung der U-Bahn-Haltestellennamen nachgehen und erfährt so schnell etwas über Stadt, Land und Volk – egal ob in Mailand, Madrid[72] oder Kopenhagen.

Bei meinem letzten Aufenthalt in Paris im Sommer 2019 fuhr ich beispielsweise von meiner Unterkunft in der Nähe der Station Goncourt zum Palais de Tokyo, einem meiner liebsten Museen, in dem moderne Kunst ausgestellt wird. Ich beginne mit der Station Goncourt: Die beiden Brüder Edmond und Jules de Goncourt waren Schriftsteller und gründeten die literarische Strömung des Naturalismus. Ihr Name ist heute noch in

---

72 Andy Möller war der erste Spieler überhaupt, der 1995 vom DFB wegen welches Vergehens gesperrt worden ist? Seit 1999 müssen Schiedsrichter in der Bundesliga das Vergehen mit einer Gelben Karte ahnden.

Frankreich weithin bekannt, vor allem für den von ihnen gestifteten Literaturpreis. Er gilt hier als wichtigste literarische Auszeichnung, vergleichbar mit unserem Georg-Büchner-Preis.[73] Ehemalige Preisträger*innen des Prix Goncourt für den besten französischsprachigen Roman des Jahres waren u. a. die Feministin und Philosophin Simone de Beauvoir, der spätere Literatur-Nobelpreisträger Patrick Modiano und der politisch umstrittene Michel Houellebecq. Auf dem Weg zum Museum begegnete ich auf der Linie 9 dem französischen Staatsmann Kardinal Richelieu, der als Erster Minister unter Ludwig XIII. die französische Politik bestimmte, dem einflussreichen Philosophen und Kirchenlehrer Augustinus von Hippo, der aus Nordafrika mit seinen Schriften das Denken des Abendlandes maßgeblich beeinflusste, und schließlich noch dem US-amerikanischen Präsidenten Franklin Delano Roosevelt, der die USA in seinen vier Amtszeiten durch die Weltwirtschaftskrise und den Zweiten Weltkrieg steuerte. Eine erhellende Fahrt durch den Untergrund, da kommt Geschichte in Fahrt.

An der Endstation Iéna befindet sich, in bester Pariser Lage, der Platz, der nach der thüringischen Stadt Jena benannt ist! Allerdings schwante mir gleich, dass das nicht daran liegen kann, dass die deutsche Universitätsstadt mit ihren Leistungen im Bereich der Optik

---

73 Welcher französische Revolutionär stand im Zentrum und war namensgebend für ein Drama des früh verstorbenen Dichters?

um Carl Zeiss, Ernst Abbe und Otto Schott in Frank-
reich auf besondere Sympathie stößt. Im Gegenteil: Der
Name dieses Platzes dient der Erinnerung an die
Schlacht bei Jena im Jahre 1806, in der der französische
Kaiser Napoleon den preußischen Truppen eine schwe-
re Niederlage zufügte.[74]

---

74 Welcher deutsche Dichter heiratete am 19. Oktober 1806
Christiane Vulpius? In die Eheringe ließ er den 14. Oktober 1806, den Tag der Schlacht bei Jena, gravieren, da Vulpius
ihn vor plündernden französischen Soldaten rettete.

2

Werbepausen sinnvoll nutzen und ein Loblied des Zappens

Totgesagte leben bekanntlich länger – vielleicht werden einige beim Lesen der folgenden Zeilen verständnisvoll nicken, andere hingegen sich ein Lachen verkneifen müssen, das habe ich bei meinen Vorträgen schon oft erlebt: Ich oute mich hiermit als passionierter Videotextleser! Wenn ich die Flimmerkiste anschmeiße, dann werfe ich zunächst immer einen Blick auf die pixelige Nachrichtenübersicht und zappe mich durch die dreistelligen Seitennummern, die weit mehr bieten als eine Übersicht des TV-Programms, die letzten Lottozahlen oder absurde kostenpflichtige Telefonumfragen.

Neben den tagesaktuellen Meldungen gibt es zum Beispiel oft interessante Hintergrundtexte und Rubriken wie das Kalenderblatt mit Informationen rund um historische Ereignisse oder zu Personen, die an dem Tag geboren oder verstorben sind. Die Qualität des Angebots hängt natürlich vom jeweiligen Sender ab.

Das Plädoyer für den zu Unrecht belächelten Videotext ist einfach: Auf einen Blick gibt es die wichtigsten Schlagzeilen des Tages in komprimierter, schnell lesbarer Form! Ohne nervige Pop-up-Ads, selbst anspringende Videos und dergleichen! Diese spartanische Darstellungsform vereinfacht den Blick auf das Wesentliche.

So kann man mit dem Drücken der »txt«-Taste auch Werbepausen sinnvoll nutzen. Und wem der Videotext auf der Mattscheibe tatsächlich zu altmodisch ist, der kann sich mittlerweile den Teletext auch aufs Smartphone holen.

Hier nun einige Beispiele von interessanten Fakten, die ich zuletzt innerhalb weniger Wochen allein durch das Lesen den drei Seiten des TV-Textes im Ersten (den Seiten 403 bis 405) entnehmen konnte. Der Entwickler und Produzent der ehemals sonntäglichen Fernsehinstitution »Lindenstraße«,[75] Hans W. Geißendörfer, war Ende der Siebzigerjahre mit dem Film »Die gläserne Zelle« in der Kategorie »Bester fremdsprachiger Film«[76] für einen Oscar nominiert. Im Gegensatz zu Geißendörfer konnte sich die erst sechzehnjährige Schauspielerin Patty Duke 1963 die begehrte goldene Statuette als beste Nebendarstellerin sichern und ging mit der kürzesten Dankesrede in die Geschichte der Hollywoodzeremonie ein: »Thank you.« Das war alles. Tammy Wynette stürmte mit »Stand By Your Man« 1968 an die Spitze der US-Charts. Mit insgesamt fünf Ehen ist sie dem Motto ihres Country-Klassikers jedoch eher nicht gefolgt. Das Wort »Schleichwerbung« ist eine Kreation des langjährigen Chefredakteurs der Programmzeit-

---

75 Welcher kommerziell äußerst erfolgreiche deutsche Filmstar und »Tatort«-Ermittler war von 1990 bis 1992 als Jo Zenker in der »Lindenstraße« zu sehen?

76 Insgesamt 14 Mal und damit am häufigsten wurden Regisseur*innen aus welchem europäischen Land mit dem Oscar für den besten fremdsprachigen Film ausgezeichnet?

schrift *Hörzu* Eduard Rhein. Nicht nur Beethoven komponierte trotz seiner Taubheit weiter, sondern auch der tschechische Komponist Bedrich Smetana tat es und schrieb in dieser Zeit sogar sein heute bekanntestes Stück »Die Moldau« aus dem sinfonischen Zyklus »Mein Vaterland«. Der Modechef des Versandhauses Quelle, Heinz Oestergaard, entwarf 1971 die grünen bundesdeutschen Polizeiuniformen. Nicole Heesters, die Tochter von Johannes »Jopi« Heesters, wurde Ende der Siebzigerjahre als Kommissarin Buchmüller die erste »Tatort«-Ermittlerin überhaupt.

Auch wenn Sie Gefahr laufen, Ihren Couchnachbar*innen auf die Nerven zu gehen, regelmäßiges Zappen durch die TV-Kanäle ist eine durchaus wissenssteigernde Angewohnheit. Das Fernsehprogramm ist schließlich so etwas wie ein demokratischer Kompromiss der Bevölkerung, die sich noch über den Flimmerkasten unterhalten und informieren möchte. Und selbst trotz abnehmender Nutzungszahlen ist dies immerhin noch die Mehrheit des Landes. Die Produktion von TV-Formaten ist zuvorderst vom Zuspruch des Publikums abhängig, Einschaltquoten entscheiden über die Fortführung oder die Absetzung von Sendungen, auch bei Sendern der öffentlich-rechtlichen Rundfunkanstalten, die sich hauptsächlich über die Rundfunkbeiträge finanzieren. Der wiederholte Daumenstoß entlang der »P«-Taste offeriert so eine Gesamtschau der deutschen televisuellen Interessen, insbesondere für die diejenigen, die schon gar nicht mehr wissen, welche Sender sie auf den zweistelligen Kanälen programmiert haben.

Nachdem am 1. Januar 1984 mit der Programmgesellschaft für Kabel- und Satellitenrundfunk, dem heutigen Sat.1, der erste private TV-Kanal auf Sendung ging, ist für jeden Geschmack etwas dabei. Die Vielfalt mag allerdings einer Angebots-Inflation gleichkommen, die so abschreckend ist, dass der Konsum auf ein paar heimische Sender beschränkt wird. Immerhin gibt es neben Sat.1 nun auch Sat.1 Gold, einen Wiederverwertungskanal mit »Richter Alexander Hold«[77] und »Mord ist ihr Hobby« in Dauerschleife, und neben Vox nun auch Voxup nach dem gleichen Konzept, es kostet eben fast nichts, alte »mieten, kaufen, wohnen«-Episoden in fremde vier Wände zu verstrahlen. Pro Sieben hat Maxx, und RTL hat RTLplus und Nitro im Angebot. Und wer bereit ist, ein paar Euro zu investieren, kann neben RTL, RTL2 und SuperRTL auch noch RTL Passion, RTL Crime und RTL Life empfangen. Zum Glück hat der Tag nicht genug Stunden, um alles sehen zu können.[78] Die Durchschnittsqualität hat gewiss nicht zugenommen, wie der Preisträger des Goldenen Aluhuts 2016, Astro-TV, bezeugt.

Dennoch zappe ich mich gerne durch meine knapp hundert programmierten Kanäle, ein kurzer Blick in die Programmzeitschriften könnte das nicht ersetzen. Inner-

77 Der ehemalige TV-Richter sitzt für die Freien Wähler seit November 2018 in welchem Landesparlament, dessen Vizepräsident er zudem ist?

78 Ein Blick in den seit 2016 sendenden Privatsender Zee.One lohnte indes, bestand doch das Programm bis zur Schließung aus Produktionen welcher charakteristischen Filmindustrie?

halb eines Abends bekomme ich so einen Überblick über alles, was angesagt ist oder die Menschen beschäftigt: Ich sehe die neuen, Hallen füllenden Stars der Volksmusik[79] (ARD), TV-Adaptionen viel gelesener skandinavischer Krimis (ZDF), publikumswirksame Blockbuster (VOX), kreative Spielkonzepte, vorgestellt durch sich duellierende Entertainer (Pro7), atemberaubende Naturschauspiele Afrikas (arte), bemerkenswerte Opern-Inszenierungen (3sat), die neue Garde (halb)nackter sich zankender C-Promis mit Dauerwerbe-Insta-Channels (Sat.1), einen Crashkurs in der DDR-Unterhaltungsgeschichte (MDR), Deutschrapper mit Nr-1-Garantie in den deutschen Charts[80] (Deluxe Music) und so vieles mehr. Und auf den gerade genannten Recycling-Kanälen kann ich mich an vergangene Bildschirmzeiten erinnern und meine Kenntnisse über die deutsche Fernsehgeschichte auffrischen lassen. Das alles nur durch das Drücken einer Taste, eine Berieselung zur Erweiterung des eigenen Sichtfeldes, die bisher so Plattformen wie YouTube und Netflix noch nicht bieten können. Und schließlich lernt auch das analoge Fernsehen und passt sich der Marktkonkurrenz an. So stellen zahlreiche Sender ihre

---

79 Die junge Sängerin Vanessa Mai heiratete 2017 ihren Manager Andreas Ferber, den Stiefsohn welcher äußerst erfolgreichen Schlagersängerin, deren letzte neun Alben den Gipfel der Deutschen Albumcharts erklimmen konnten, darunter zuletzt »Seelenbeben« und »Mosaik«?

80 Welcher Deutschrapper mit ukrainischen und russischen Wurzeln erstürmte in knapp zwei Jahren sage und schreibe zwanzig Mal Platz 1 der deutschen Charts und stand damit genauso häufig an der Spitze wie die Beatles und ABBA zusammen?

Programme in Mediatheken zum zeitversetzten Nach-schauen zur Verfügung. Auch hier lohnt sich der neugie-rige Blick.

Wenn also die andere Hälfte des Sofas, womöglich die bessere, beim nächsten Durchforsten des Fernse-hangebots Ihnen genervt die TV-Bedienung entreißen möchte, weisen Sie darauf hin, dass das Verhalten nur Ihrer gemeinsamen Bildung dient.

3

Reich an Wissen – geprägte Bildungsmarken

Sofern Sie dem Bargeld noch nicht abgeschworen haben: Münzen und Geldscheine bieten eine wunderbare Gelegenheit zur praktischen Wissensmehrung. Einfach auf Entdeckungsfahrt im eigenen Portemonnaie gehen. Durch die Einführung des Euro und der guten Durchmischung der Münzen können Sie das sofort, wenn es die Geldbörse hergibt, oder beim nächsten Einkauf umsetzen. Wenn Sie auf die italienischen Münzversionen stoßen, werden Sie mit der reichen Kulturhistorie des Landes konfrontiert. So zeigt die größte Münze das Konterfei von Dante Alighieri in einem Porträt des Renaissance-Malers Raffael. Dante war der Verfasser der »Göttlichen Komödie« und der Begründer der italienischen Literatur. Auf der nationalen Rückseite der Eineuromünze sieht man die Zeichnung des »vitruvianischen Menschen« von dem Universalgenie Leonardo da Vinci, und sein Zeitgenosse Sandro Botticelli ist mit einem Ausschnitt aus dem Gemälde »Die Geburt der Venus« auf der Zehncentmünze repräsentiert. Doch nicht nur die alten Meister wurden für die Geldstücke ausgewählt. Auf der Zwanzigcentmünze ist die ikonische Skulptur »Einzigartige Formen der Kontinuität im Raum« von dem Futuristen Umberto Boccioni abgebildet. So erinnert die italienische Münzprägestätte an eine Kunstströmung des 20. Jahrhunderts, bei der italienische Kunstschaffende tatsächlich auch tonangebend waren.

Das alles bieten allein acht Münzen eines Landes, dreiundzwanzig Euro-Staaten gibt es. Zusätzlich dazu gibt es noch unzählige Sonder- und Gedenkprägungen. Und auf die Eurozone ist Wissensvermehrung durch Bargeld schließlich auch nicht beschränkt. Beim Abstecher in die Schweiz stoßen Sie auf den ganzen kulturellen Stolz dieses Landes. Beispielsweise auf den Bildhauer Alberto Giacometti, den Liebling der Auktionshäuser. Der Verkauf einer seiner Skulpturen erzielte einen Preis von über hundert Millionen US-Dollar. Der Mann auf dem Hundertfrankenschein schaffte dies gleich mit drei seiner Werke. Seine Plastik »L'Homme qui marche I«, zu Deutsch »Der schreitende Mann«, ist praktischerweise auch gleich auf der Rückseite des Geldscheins zu entdecken. Auf weiteren Scheinen sieht man andere Kulturgrößen wie den Architekturpionier Le Corbusier, dessen Werk Teil des UNESCO-Weltkulturerbes ist, und den Komponisten Arthur Honegger, der mit »Pacific 231« eine Eisenbahnfahrt geistreich vertonte.

Beim nächsten Schnorchel-Trip ins ägyptische Hurghada sehen Sie nicht nur den großen Pharao Ramses II., sondern stoßen auf dem Zwanzigpfundschein auch auf die Muhammad-Ali-Moschee. Dies ist keine Huldigung an die zum Islam konvertierte Boxlegende. Das auch als Alabastermoschee bekannte Gotteshaus in Kairo wurde von Muhammad Ali Pascha in Auftrag gegeben, dem bedeutendsten Herrscher Ägyptens im 19. Jahrhundert. Cassius Clay nahm seinen muslimischen Namen allerdings nicht in Erinnerung an den osmanischen Gouverneur an. Die zahlreichen Beispiele illustrieren: Ein näherer Blick auf Zahlungsmittel lohnt sich!

4

Shopping als Wissenstour

Selbst bei Ihrem nächsten Einkaufsbummel können Sie wertvolles Wissen erwerben. So sind Sie ständig umgeben von Namen und Logos, in denen unverhofftes Bildungspotenzial steckt. Wenn Sie Ihr eigenes Unternehmen gründen, würden Sie sich bei der Namensfindung sicherlich auch ins Zeug legen, *nomen est omen*. Unternehmen investieren immense Summen in Logo- und Brand-Kreationen.[81]

Am Süßwarenregal stoßen Sie durch ein Haselnussgebäck auf einen Wegbereiter der Renaissance, den Maler und Architekten Giotto[82] (di Bodone), der u.a. den Glockenturm am Florentiner Dom entwarf, bei den Dragee-Produkten treffen Sie auf die erste Herrscherdynastie Polens (Piasten), und ganz in der Nähe folgt der Hannoveraner Universalgelehrte Gotthold Ephraim Leibniz[83] dank der weltweit bekannten Butterkekse. Nicht weit ent-

---

81 Die Grafikdesign-Studentin Carolyn Davidson entwarf 1971 mit »Swoosh« das weltbekannte Logo welchen US-Konzerns? Das Unternehmen zahlte damals zunächst nur 35 US-Dollar, legte 1983 mit einem Aktienpaket von 500 Stück jedoch nach.

82 Die unbemannte Raumsonde Giotto wurde 1985 von der Europäischen Weltraumorganisation zur Erforschung von welchem Kometen ins Weltall gesandt?

83 Welcher englische Naturforscher entwickelte unabhängig von Leibniz fast zeitgleich die Infinitesimalrechnung?

fernt sieht man die höchste Erhebung des Riesengebirges (Schneekoppe)[84] sowie das Matterhorn (Toblerone[85]).

Im Reich der hochprozentigen Spirituosen wird durch die gleichnamige Tequila-Marke die mittelamerikanische Zivilisation der Olmeken[86] ins Blickfeld gerückt, die für ihre steinernen Kolossalköpfe bekannt ist, und im Rum-Regal grüßt der walisische Freibeuter Henry »Captain« Morgan. Mein als Meisterjäger favorisierter Kräuterschnaps[87] weist im Logo auf die Sage vom heiligen Hubertus hin, dem Schutzpatron der Jäger. Diesem soll der Sage nach bei einer sonntäglichen Jagd ein Hirsch mit leuchtendem Kreuz im Geweih erschienen sein, woraufhin er der Jagd am »heiligen« Sonntag entsagt haben soll, um stattdessen lieber in die Kirche zu gehen. Und nicht nur Putin und Gorbatschow, auch der russische Nationaldichter Puschkin[88] leiht einer Wodkamarke seinen Namen.

---

84   Welcher Weltmeister und ehemalige Kapitän der Fußballnationalmannschaft ist Mehrheitseigentümer der Schneekoppe GmbH?

85   Im Logo der Schweizer Schokoladenmarke sieht man im Matterhorn auch die Umrisse eines Bären, der auf welche Stadt hinweist?

86   Die Zentren der olmekischen Kultur lagen an der südlichen Golfküste Mexikos in Veracruz und in welchem mexikanischen Bundesstaat, der einer scharfen Chilisauce seinen Namen gibt?

87   Im März 1973 lief welcher damalige Fußballbundesligist mit dem Jägermeister-Geweih auf der Brust auf den Rasen? Um das Verbot der Trikot-Werbung zu umgehen, machte der Verein das Jägermeister-Firmenlogo zum Vereinswappen.

88   Welcher russische Komponist vertonte mit »Eugen One-

Auch die Drogerie-Abteilung hat einiges zu bieten: So begegnen wir hier den römischen Schutzgöttern der Vorräte (Penaten) und dem Vater der antiseptischen Chirurgie (Listerine). Geografischen Nachhilfeunterricht kann man an der Wurst- und Käsetheke sowie beim Bier und Mineralwasser bekommen. Der größte Kanton der Schweiz (Bündnerfleisch) ist genauso im Angebot wie die zweitgrößten Städte Polens (Krakauer) und Ungarns (Debrecziner). In den niederländischen Städten Edam, Gouda und in der Provinz Limburg leben mehr als eine Million Menschen. Auch auf Landkarten andere Länder wird man fündig: in der Nähe von Paris liegt Brie, Camembert in der Normandie; in der Schweiz findet man das Emmental und Appenzell, in der englischen Grafschaft Somerset die Stadt Cheddar und im russischen Kaliningrad die Stadt Sowetsk, ehemals Tilsit. In Frankreich liegen zudem die Städte und Gemeinden Vittel, Volvic und Evian(-les-Bains). In Friesland findet man die Stadt Jever, jedoch nicht an der Küste, wie die Werbung für das gleichnamige Bier vermuten lässt, fündig wird man u.a. auch in NRW (Krombach, Warstein), in Bayern (Erding, Oettingen), in Sachsen (Radeberg) und Thüringen (Bad Köstritz).

Und Italienisch lernt man mit Pasta: Schmetterling (Farfalle), Federn (Penne) und kleine Ohren (Orechiette). Und wie heißen die Katzenschnurrhaare auf Eng-

gin« und »Pique Dame« zwei von Alexander Puschkins Werken zu Opern?

lisch? Whiskers! So kann selbst das Einkaufen zu einer kleinen Bildungsreise genutzt werden.

Manchmal vergesse ich allerdings alle Produkte um mich herum, bleibe wie angewurzelt stehen und strecke den Kopf zu den Lautsprechern an der Decke: Es läuft ein Song – wer singt das noch mal? Es wird geschätzt, dass Einzelhandelsunternehmen im Jahr bis hundert Millionen Euro für die gezielte akustische Einflussnahme auf das Kaufverhalten ihrer Kund*innen investieren. Externe Unternehmen werden beauftragt, die für die Zielgruppe passende Playlist zu erstellen. Für die optimale Zusammensetzung der lizenzpflichtigen Musikkompilation wird vor Ort Feldforschung von Profis betrieben, die u. a. Verteilungen von demografischen und soziokulturellen Merkmalen wie Alter, Geschlecht oder Herkunft ermitteln. Einige Lebensmittelunternehmen leisten sich sogar eine eigene Supermarkt-Radiostation.

In einer britischen Studie konnte beispielsweise nachgewiesen werden, dass die Auswahl des Weins von der nebenherlaufenden Musik beeinflusst werden kann. Wenn potenzielle Käufer*innen mit französischen Klängen beschallt werden, greifen sie vermehrt zu Merlot, Chardonnay und Sauvignon Blanc, bei deutscher Hintergrundmusik steigt der Riesling-Absatz.

Doch darüber, wie stark Musik unser Kaufverhalten tatsächlich beeinflussen kann, herrscht Uneinigkeit. Einige Forschende bezweifeln den Effekt sogar in Gänze. Musik in Geschäften und Einkaufszentren lässt mich aber gelegentlich ungewollt länger dortbleiben. Aber nicht, um nun angeregt meinen Einkaufskorb zu füllen, sondern um das selbst auferlegte Musikrätsel zu lösen. Eben dann, wenn ich im Laden zwischen den Regalen oder Kleiderständern stehe und versuche, die Sängerin oder den Sänger zu identifizieren. Das mag auf andere eigenartig wirken, aber manchmal muss man seinem Spleen freien Lauf lassen. Gelingt mir die autonome Song-Bestimmung nicht, greife ich hektisch zum Smartphone, um die letzten Sekunden zu nutzen und per App die Lösung herbeizuklicken. Bleibt auch dies erfolglos, muss es per Songtextsuche klappen, ansonsten erreicht die Musikauswahl das Gegenteil des eigentlich angedachten, stimmungsaufhellenden Effekts. Und da die Musik nicht von Mitarbeiter*innen der Filiale ausgewählt wird, können diese häufig auch nicht weiterhelfen. So wird der Einkauf auch zum Erlebnis. Zumindest habe ich bei erfolgreicher Identifikation meist etwas erworben: neues Wissen, und das ganz kostenlos.

Die Auswertung der Playlists von über vierzehntausend Geschäften im Einzelhandel durch einen der führenden Anbieter von funktioneller Shopping-Musik ergab im Jahre 2018 folgende Top 5:

1. George Ezra – Paradise
2. Ariana Grande – No Tears Left To Cry
3. Calvin Harris & Dua Lipa – One Kiss
4. Michael Schulte – You Let Me Walk Alone
5. The Chainsmokers – Somebody (feat. Drew Love)

Wie viele der Songs mitsamt ihren Interpret*innen hätten Sie erkannt?

5

Wikipedia und Google

Was ist die Lieblingswebseite aller Quizzer? Na klar, Wikipedia![89] Jeder wissbegierige Mensch ist den Begründern der Plattform, Jimmy Wales und Larry Sanger, zu großem Dank verpflichtet sowie natürlich den unzähligen ehrenamtlich tätigen Personen, die Artikel schreiben, korrigieren, updaten und auf ihre Relevanz überprüfen. Trotz aller Bedenken, solange man die Seite nicht als Basis wissenschaftlicher Arbeiten nutzen möchte, ist Wikipedia die Anlaufstelle Nummer 1, um Wissen zu erweitern. Noch nie zuvor wurde es uns so einfach gemacht.

Wikipedia-Plattformen existieren mittlerweile in 309 Sprachen. Deutschland liegt mit 2,4 Millionen Beiträgen auf dem vierten Platz im Sprachen-Ranking. Die meisten Artikel – über sechs Millionen – gibt es natürlich auf Englisch. Dazwischen platzieren sich Cebuano und Schwedisch. Cebuano? Mit ungefähr zwanzig Millionen Sprechenden ist es die zweitmeistgesprochene Sprache auf den Philippinen. 127 aktive User*innen und sechs Admins betreuen die über fünf Millionen Artikel,

---

89   Wikipedia setzt sich zusammen aus dem Suffix »pedia« (Encyclopedia) und dem Wiki, das auf das Wort »wikwiki« (schnell) aus welcher Inselsprache, die nur über dreizehn Phoneme, also sehr wenige bedeutungsunterscheidende Laute, verfügt?

die zu 99 Prozent von Bots, also Computerprogrammen, erstellt worden sind. Da in der austronesischen Sprache bisher keine gedruckten Lexika oder Enzyklopädien bekannt und auch im Netz keine zu finden sind, ist die Bedeutung von Wikipedia in dieser Hinsicht kaum zu überschätzen. Nur einen Artikel gibt es bisher auf Afar, der Sprache, die immerhin von fast eineinhalb Millionen Menschen in Äthiopien, Eritrea und Dschibuti gesprochen wird, und in der indianischen Sprache Creek, die man im Südosten der USA spricht.

Wir sind mit unseren 2,4 Millionen Artikeln also sehr gut aufgestellt. Fast schon zu gut, denn die Menge an Informationen ist erschlagend. Auch wenn ich mich seit vielen Jahren über einen eigenen Artikel erfreue, so ist eine gewisse Inflation und Verwässerung der Relevanz der Artikel durchaus zu beklagen. Im Gegensatz zur »Encyclopedia Britannica«, deren zweiunddreißig Bände man mit viel Zeit und Durchhaltevermögen von A bis Z tatsächlich durchlesen kann, wie der US-amerikanische Journalist A. J. Jacoby in seinem Buch »Britannica & ich. Von einem, der auszog, der klügste Mensch der Welt zu werden« unter Beweis stellte, ist dies bei Wikipedia undenkbar, nicht nur weil jeden Tag zahlreiche Artikel dazukommen.[90]

Meist wird Wikipedia sowieso nur genutzt, um schnell mal etwas nachzuschauen. Die Webseite bietet

---

90 Welcher südafrikanische Unternehmer und Tesla-Gründer behauptet, bereits mit neun Jahren die »Encyclopedia Britannica« vollständig gelesen zu haben? Bei einer Quizmeisterschaft hat er sich bisher noch nicht blicken lassen.

allerdings weit mehr, und dies wird leider oft übersehen. Es beginnt mit der Hauptseite (https://de.wikipedia.org/wiki/Wikipedia:Hauptseite). Jeden Tag wird ein »Artikel des Tages« angepriesen. In den ersten Wochen des Jahres 2020 waren das u.a.: der Schabrackenschakal,[91] ein Wildhund der afrikanischen Savanne, der früh verstorbene italienische Künstler Amedeo Modigliani, dessen Gemälde »Nu couché« im November 2015 in New York City für schlappe 170,4 Millionen Dollar von dem chinesischen Industriellen Liu Yiqian ersteigert wurde,[92] und das potenziell frustrierende Steinehüpfen, das mich an meine Kindheitsurlaube in der Steiermark erinnert. Den Weltrekord, wie ich dem Artikel entnehmen konnte, hält seit September 2013 der US-Amerikaner Kurt Steiner mit sagenhaften achtundachtzig Sprüngen, das sind fast achtzig mehr als bei mir. Sein Stein überquerte dabei eine Distanz von knapp einhundert Metern. Diese Leistung bescherte ihm zudem einen Eintrag in das »Guinness-Buch der Rekorde«, einer meiner hartnäckigsten Kindheitsträume. Im Vorfeld trainierte er mehrere Jahre und suchte und testete weiter über

---

91 Die männlichen Schabrackenschakale verfügen über einen sogenannten Baculum, einen Knochen, der sich wo genau im Körper befindet?

92 Den höchsten Verkaufspreis aller Zeiten erzielte das Gemälde »Salvator Mundi« von Leonardo da Vinci. Auf dem Werk, das der russische Unternehmer Dmitry Rybolovlev 2017 für unfassbare 450 Millionen US-Dollar an den saudi-arabischen Kronprinzen Mohammed bin Salman verkaufte, ist welche religiöse Figur zu sehen?

zehntausend passende Steine. Ich glaube, ich suche mir lieber eine andere Disziplin.

Ähnliche Mechanismen zur Vorauswahl gibt es zudem in Themenportalen zu Geschichte, Geografie, Sport und Wissenschaft. Auch dort werden Artikel regelmäßig ausgewählt und auf der Hauptseite des Portals zur Lektüre empfohlen.

Eine meiner Lieblingsrubriken auf Wikipedia ist: »Schon gewusst?« Jeden Tag wird hier eine absurde Geschichte oder ein überraschender Fakt vorgestellt. Teilweise trivial, aber fast immer wissenswert. Eine kleine Auswahl aus einem Monat: Zeitweise wohnte ein Prozent der knapp sechzigtausend Menschen umfassenden Bevölkerung Grönlands in ein und demselben Wohnhaus, und zwar im »Blok P«, einem Gebäude mit 320 Wohnungen in der Hauptstadt Nuuk, das 2012 abgerissen wurde. Die Haupteinnahmequelle der wegweisenden Kunstschule Bauhaus waren die Bauhaus-Tapeten, die bis heute industriell hergestellt werden. Die CO_2 Coalition vertritt den Standpunkt, dass die Menschheit noch mehr Tonnen des Treibhausgases freisetzen sollte. Nur auf den ersten Blick überraschend, denn bei dieser Organisation handelt es sich um eine industriefinanzierte, konservativ ausgerichtete US-amerikanische Denkfabrik. Gyrostigma rhinoceronti, auch Nashorn-Dasselfliege genannt, gilt mit einer Spannweite von sechzig Millimetern als die größte afrikanische Fliegenart. Als Parasit des Breitmaul- und Spitzmaulnashorns macht ihr der Rückgang der Dickhäuter-Population jedoch zu schaffen, auch sie ist seltener geworden.

Wikipedia ermöglicht zudem durch das Klicken auf den am linken Rand befindlichen Button »Zufällige Artikel« eine tolle Möglichkeit, das Prinzip Zufall für sich zu nutzen. Allerdings verringerte die Artikelinflation der letzten Jahre auch die durchschnittliche Relevanz der Einträge, sodass die Perlendichte neuer Entdeckungen stark abgenommen hat. Nichtsdestotrotz ist eine gelegentliche Nutzung der Funktion durchaus empfehlenswert.

Im Rahmen von Wikimedia bietet Wikipedia noch vieles mehr. Das »Wiktionary« ist ein wunderbares Wörterbuch mit charakteristischen Wortkombinationen, Herkunftsangaben, Beispielsätzen, Übersetzungen und vielem mehr. Bei »Wikiquote« findet sich eine umfangreiche und gut geprüfte Zitatensammlung. In der Lernplattform »Wikiversity« finden sich zahlreiche, in Vorlesungen strukturierte Lernangebote, teilweise von anerkannten Professor*innen zur Verfügung gestellt. Auf »Wikivoyage« kann man sogar den nächsten Urlaub vorbereiten. Und sogar eigene Quizze bietet Wikipedia unter https://de.wikipedia.org/wiki/Wikipedia:Quiz mittlerweile an!

Ein weiterer kleiner Wissenshack, den ich regelmäßig anwende, ist der Blick auf die Kategorien, die am unteren Ende der Artikel gelistet sind. Wenn Sie beispielsweise gerade in Vorbereitung auf Ihren nächsten Urlaub den Artikel über den portugiesischen Badeort Estoril[93] be-

---

93   Im portugiesischen Estoril befindet sich eines der größten Casinos des Kontinents, das auch der britische Autor und James-Bond-Erfinder Ian Fleming im Zweiten Weltkrieg als Verbindungsoffizier besuchte. In dem Casino in Estoril wurden

gutachten und auf das berühmte Casino stoßen, können Sie über die am Seitenende angegebene Kategorie »Kultur (Portugal)« auf eine interessante Übersichtsseite mit zahlreichen Artikeln zur portugiesischen Kultur gelangen. Das Casino Estoril ist natürlich noch weiteren Kategorien zugeordnet: »Spielbank«, »Bauwerk in Cascais« und »Estoril«. Wenn wir nun also die wohl interessanteste und ergiebigste Fährte »Kultur (Portugal)« aufnehmen, dann springen bei den dort aufgelisteten Artikeln folgende gleich ins Auge: die Manuelinik, der prunkvolle Architekturstil, der nur im Königreich Portugal des frühen 16. Jahrhunderts zu finden ist, und der Sebastianismus, eine messianische Richtung der portugiesischen Kultur zwischen dem 16. bis ins 20. Jahrhundert. Ähnlich dem deutschen Mythos vom im Kyffhäuser schlafenden Kaiser Barbarossa soll der junge portugiesische König Sebastian I. 1578 nicht in Marokko gefallen sein, sondern sich nur zurückgezogen haben, um bald wieder zurückzukehren. Solche Artikel sind gar nicht so leicht zu finden, sie werden erst durch die Kategorie-Übersicht sichtbar. Beim Artikel zu meiner Person sind die Kategorien und Querverbindungen etwas unspektakulärer (»Quizspiele«, »Gefragt – Gejagt«, »Person (Berlin)«, »Deutscher«, »Geboren 1989« und »Mann«), nicht jeder Artikel ist dahingehend ergiebig.

Den Begriff in die Suchleiste eingeben, und schon

Szenen aus »James Bond 007 – Im Geheimdienst Ihrer Majestät« gedreht, dem einzigen Film welches nicht-europäischen Bond-Darstellers?

spuckt Google unzählige Vorschläge zur vertiefenden Beschäftigung aus. Googeln gehört mittlerweile zu den digitalen Grundfähigkeiten, seit 2004 ist das Verb sogar im Duden zu finden. Doch die kalifornische Suchmaschine kann noch wesentlich mehr. Eine meiner liebsten neuen Quellen der Wissenserweiterung ist der Dienst »Google Trends«. Google lässt einsehen, welche Begriffe in gewissen Zeiträumen am häufigsten gesucht worden sind, also ein Interessentracker sowohl in absoluten als auch in relativen Zahlen. Dieses Angebot hat viele praktische Nutzungsmöglichkeiten, zahlreiche Unternehmen können so Konsummuster und Nachfragetrends erspähen, aber auch für die Wissenschaft ist dieses Tool eine fantastische Fundgrube. Beispielsweise kann man anhand des Suchverhaltens Vorhersagen zur Ausbreitung von Grippeerkrankungen in der Bevölkerung treffen. Die relative Häufigkeit von bestimmten, mit der Grippe in Verbindung stehenden Suchbegriffen gleicht der Entwicklung der Anzahl Influenza-bedingter Arztbesuche. Aufgrund der hohen Nutzung des Suchdienstes sind die Angaben mittlerweile auch sehr verlässlich und aussagekräftig.

Ich nutze »Google Trends« immer wieder mal, um einige meiner blinden Wissensflecken aufgezeigt zu bekommen, und stoße so auf aktuell relevante Personen und Themen, die mir sonst wohl eher nicht aufgefallen wären. Wer sich eine kleine Pause politischer Talkshows und der gefühlten medialen Dauerpräsenz einiger Volksvertrer*innen gönnen möchte, kann sich auch auf »Google Trends« verlassen, denn auf hitzige Debatten wird auch hier etwas zeitversetzt aufmerksam gemacht. Auch die letzten Promi-News, Hits aus dem Unterhaltungsgewerbe, Sporttriumphe und Marktneuheiten werden hier gut abgedeckt. Google verknüpft zudem jeden Suchbegriff zusätzlich mit einem passenden Presseartikel, sodass man die auf Überschriften beschränkten Informationen zügig vertiefen kann. Darüber hinaus ist es möglich, Trendsuche geografisch und zeitlich zu variieren und einzuschränken, sodass man jeden Tag beobachten kann, wer und was unsere Nachbarn in Frankreich oder die Menschen in den USA gerade beschäftigt. Die täglichen Trends kann man sich auch per Newsletter zukommen lassen. Ein kurzes Dokument, das mich oft verblüfft und gelegentlich auch etwas frustriert, dann nämlich, wenn ich bildungssnobistische Züge entwickle aufgrund des offensichtlichen Interesses an dauerwerbenden IT-Girls, deren Prominenz auf fragwürdigen Reality-Formaten beruht.

In dem Onlinedienst »Google: Arts and Culture« können Sie einen virtuellen Rundgang durch eine Vielzahl an Museen und Ausstellungen antreten. Außerdem finden sich über hunderttausend Kunstwerke in hochauflösender Form aus zweitausend der namhaftesten Kulturstätten des Globus im digitalen Fundus zur Erkundung. Neuere spielerische Elemente wie visuelle Kreuzworträtsel gestalten den digitalen Besuch kurzweilig und informativ zugleich.

Obwohl uns der Service der Suchmaschine jederzeit kostenfrei zur Verfügung steht, schlagen wir viel zu selten den vollen Informationsnutzen heraus. Seit Kurzem achte ich verstärkt darauf, ein Thema, das mich interessiert, mit den Begriffen »Wissenswertes«, »spannende Fakten«, »Fun Facts« oder Ähnlichem in der Suche zu verknüpfen. Die Wahrscheinlichkeit ist hoch, dass Onlineportale, Zeitungen oder engagierte Fans sich bereits die Mühe gemacht haben, die faszinierendsten Informationen im Netz aufzubereiten. Insbesondere Journalist*innen erstellen solche Beiträge zu Jubiläen oder wenn sie aufgrund von anstehenden Veröffentlichungen, Ausstrahlungen oder Events erwarten können, dass die Publikumsnachfrage steigt und sie so Klicks für die Webseiten generieren können. Komprimiert kann man so die Früchte der Recherchearbeit auf dem Präsentierteller genießen.

In den letzten Jahren hat sich eine wahre Goldgrube voll großartiger Fakten-Best-ofs aufgetan, man muss nur wissen, wie man sucht. Selbst bei bekannten Themen stoße ich auf neue grandiose »Fun Facts«. Eine kleine Auswahl: In dem Film »Star Wars: Episode I – Die dunkle Bedrohung« sind mehrere E.T., bekannt aus Steven Spielbergs gleichnamigem Kinoklassiker, im Galaktischen Senat zu sehen. Bestsellerautor Stephen King spielte zusammen mit Simpsons-Erfinder Matt Groening in der Coverband »Rock Bottom Remainders«, die ausschließlich aus berühmten Schriftstellern, Journalisten und Drehbuchautoren bestand. Der Name ist ironisch gemeint und wird mit »knallharte Ladenhüter« übersetzt. Das erste Wort, das Til Schweiger als »Tatort«-Kommissar Nick Tschiller sagte, war »Fuck«, das letzte Wort, das Götz George als Horst Schimanski von sich gab, war »Scheiße«. Von 1925 bis 1936 leuchtete am Pariser Eiffelturm ein aus 250 000 Glühbirnen bestehender Reklame-Schriftzug für den französischen Automobilhersteller Citroën. Auf drei Seiten waren die Buchstaben der damals größten Leuchtreklame der Welt in gigantischem Ausmaß vertikal angebracht, sodass selbst aus einer Entfernung von vierzig Kilometern der Name zu lesen war. Die vier Informationen erhält man nach nur kurzem Googeln, wenn man die Suchbegriffe verknüpft.

6

Soziale Medien als Lernzirkel

Soziale Medienplattformen wie Facebook, Instagram und YouTube gelten gemeinhin als größte Quelle der Zeitverschwendung, von der sich viele aufgrund des Suchtpotenzials dennoch nicht lösen können.

An der Spitze der gefolgten Personen beim Bilderdienst Instagram[94] steht der portugiesische Fußballstar Cristiano Ronaldo, dessen Beiträge über 232 Millionen Menschen abonniert haben. Ihnen stellt er regelmäßig Fotos seiner Familie, seines Waschbrettbauchs oder seiner Unterhosen-Kollektion vor. Auf den nächsten Plätzen stehen die junge Sängerin Ariana Grande, der geschäftstüchtige Schauspieler und ehemalige Wrestler Dwayne »The Rock« Johnson und die Schauspielerin und Sängerin Selena Gomez.[95] Den beiden Reality-TV-Stars Kylie Jenner und Kim Kardashian folgen jeweils ebenso mehr als 180 Millionen Menschen.

Es ist gewiss nicht auszuschließen, dass man diesen Kanälen auch den einen oder anderen nutzvollen Fakt entlocken kann. Besonders viel lernt man jedoch über

---

94   Mit über 350 Millionen Followern steht welcher Firmenaccount auf dem ersten Platz im Ranking?

95   Die Beziehung zu welchem kanadischen Sänger, die von 2010 bis 2013 hielt, war dauerpräsent in den Klatschblättern?

die Naivität mancher Nutzer*innen und die Dreistigkeit der Betreiber vieler Accounts erfolgreicher Influencer*innen. Diese ähneln eher Dauerwerbesendungen. Hier preisen die »Sternchen« unzählige Produkte an – von zweifelhaften Hanftropfen bis zu überteuerten Teemischungen –, im Vergleich dazu strotzen Shoppingkanäle wie QVC und HSE24[96] nur so vor Authentizität und Ehrlichkeit. Das lächerliche Laienschauspiel der Protagonisten von Trash-Formaten wie »Bachelor«[97], »Big Brother«[98] oder »Berlin – Tag & Nacht«[99] wird auf diese Weise erstaunlich erfolgreich vermarktet.

Einen Lichtblick gibt es jedoch im Jahrmarkt der Eitelkeiten: Schon auf Platz 11 weltweit rangiert mit über 130 Millionen Followern die US-amerikanische National Geographic Society mit ihrem gleichnamigen Magazin. Täglich begeistern die spektakulären und preisgekrönten Aufnahmen im Bilderfeed. Neben den

---

96 Die ausgebildete Opernsängerin Judith Williams zeigt auf QVC und HSE24 ihre eigene Kosmetik-, Mode- und Schmucklinie. Seit 2014 ist sie Teil der Jury welches Unterhaltungsformates auf VOX?

97 Daniel Völz, der Bachelor 2018, ist der Enkel von Wolfgang Völz, der welcher Figur mit dunkelblauem Fell von Walter Moers seine Stimme gab?

98 Die Idee zum voyeuristischen Fernseh-Dauerbrenner, der weltweit in über 450 Staffeln lief, stammt vom milliardenschweren niederländischen TV-Mogul John de Mol. Dieser entwickelte zudem welche Casting-Show, deren erste Staffel hierzulande seinerzeit Ivy Quainoo gewann?

99 Die quotenstarke, ausschließlich mit Laienschauspieler*innen besetzte RTL2-Seifenoper bekam 2013 in welcher deutschen Großstadt einen Ableger mit dem Zusatz »50667«?

weltumspannenden Einblicken in die Lebenswelten bedrohter Tierarten, atemberaubenden Naturschauspielen und drängenden sozialen Probleme liefern die Postings zusätzlich einen informativen Mehrwert und klären in einem Begleittext auf.

Die gute Nachricht geht weiter. Es gibt Tausende bildungsfördernde Institutionen, die auf Instagram und anderen sozialen Netzwerken aktiv sind. Vom New Yorker Museum of Modern Art über die Bundeszentrale für politische Bildung[100] bis hin zur Max-Planck-Gesellschaft. Darüber hinaus haben sich abseits kreativer Meme-Seiten[101] zahlreiche Wissens-Influencer*innen etabliert. So postet der niederländische Kunstlehrer Jurgen Vermaire täglich ein interessantes Kunstwerk samt erhellendem Text zur Bedeutung und Geschichte des Werkes. Iflscience der jungen Britin Elisa Andrew bringt auf höchst unterhaltsame Weise die faszinierenden Erkenntnisse der Naturwissenschaften näher. Der Name steht nicht ganz jugendfrei für »I fucking love science«. Wer die Postings verfolgt, wird sich gewiss dieser Meinung anschließen können.

Letztendlich schaffen wir uns unsere sozialen Räume

---

100 Die Bundeszentrale für politische Bildung wird seit 2000 von dem SPD-Politiker Thomas Krüger geleitet, der im Januar 1991 kommissarischer und letzter Oberbürgermeister Ostberlins war. Der erste Oberbürgermeister war der Sohn welches Reichspräsidenten der Weimarer Republik?

101 Welcher einflussreiche britische Evolutionsbiologe prägte in seinem 1975 erschienenen Werk »Das egoistische Gen« den Begriff Meme, weit vor der Existenz von Doge und LOLcats?

selbst. Wenn man also lediglich halb nackten Influencer-innen folgt, die sich am Strand in Dubai räkeln und stündlich in bezahlten Beiträgen überteuerte Marken-ware anpreisen, dann ist der Wissensmehrwert eher be-grenzt. Grundsätzlich spricht ja nichts gegen eine Dosis der Zerstreuung und Stimulierung, Sie müssen Ihren Lieblings-Influencer*innen nicht entfolgen, allerdings sollten Sie in den sozialen Netzwerken nicht auf geisti-ge Stimulierung verzichten. Das Angebot ist enorm. Wenn Sie den Richtigen folgen, folgt auch das Wissen.

Ich habe das große Glück, durch meine Quizpassion viele Freund*innen gewonnen zu haben, die leiden-schaftlich gerne ihr Wissen teilen. So füllt sich mein pri-vater News-Feed auf Facebook ständig mit interessanten Informationen und Empfehlungen. Mein Berliner Quiz-kollege Jörg Schenk nimmt täglich die Geburtstage von jubilierenden Musikern zum Anlass, auf die jeweiligen Charterfolge in einzelnen Postings inklusive spannen-der Fakten und einem Verweis auf eine Hörprobe auf YouTube hinzuweisen. Aus den Beiträgen habe ich schon so manche wertvollen Erkenntnisse gewonnen, hier drei Beispiele: 1. Der erfolgreichste Hit in den deutschen Singles-Charts und der einzige englischsprachige Song in den Top 10 der Jahresendcharts in Deutschland war 1982 »Maid of Orleans (The Waltz Joan of Arc)« der bri-tischen Synthiepop-Band Orchestral Manoeuvres in the Dark (OMD);[102] 2. Werner Böhm, der Mann hinter der

---

102 Welche dreiköpfige britische Pop-Girl-Group, die mit »Whole Again« und den Cover-Songs »Eternal Flame« und

Kunstfigur Gottlieb Wendehals, stürmte mit dem Stimmungslied »Polonäse Blankenese« die deutschen Charts; er schaffte es außerdem mit einer von ihm angeführten Party-Polonäse mit 250 000 Teilnehmern an der Hamburger Binnenalster ins »Guinness-Buch der Rekorde« und begleitete in den Siebzigerjahren als Jazz-Pianist Musiklegenden wie Louis Armstrong und Ella Fitzgerald am Klavier. 3. Der Komponist Rolf Zuckowski, bekannt für seine legendären Kinderlieder wie »In der Weihnachtsbäckerei«, komponierte Ende der Siebzigerjahre drei Beiträge der Schweiz für den Eurovision Song Contest, u. a. für die Musikgruppe Peter, Sue & Marc, die mit vier Beiträgen in jeweils vier verschiedenen Sprachen am häufigsten an diesem Wettbewerb teilgenommen hat.[103] Das filmische Pendant in meiner persönlichen Nachrichteneinspeisung liefert ein weiterer befreundeter Quizzer, Markus Solty, der sich so gut wie jeden Film anschaut, um ihn in einer Kurzkritik auf seiner Wand vorzustellen.

Hilfreich sind natürlich ebenso Aufrufe, in denen man sich gegenseitig auffordert, seine Lieblingssongs, -filme, -bücher, -orte, -sportler oder -spiele zu posten. Wenn ein solcher Appell genügend Zuspruch erhält und sich möglichst viele beteiligen, ist man im Nach-

---

»The Tide is High« große Erfolge feierten, gründeten OMD-Mitglieder Andy McCluskey und Stuart Kershaw?

103   Dem Sohn des Komponisten Alexander Zuckowski gelang es im Gegensatz zu seinem Vater, einen ESC-Gewinnerbeitrag beizusteuern. Wer gewann 2014 mit dem von Zuckowski geschriebenen Lied »Rise Like a Phoenix«?

hinein mit einem reichen Schatz an Empfehlungen ausgestattet. Im Gegensatz zu den zahlreichen Best-of-Listen, die man im Internet aufrufen kann, stammen diese Kompilationen dann von Menschen, die wir kennen und im besten Falle schätzen und mögen. So werden die Informationen zugleich auf einer emotionalen Ebene verankert, und man kann seine Zustimmung oder Ablehnung direkt kundtun, wodurch sich möglicherweise ein fruchtbarer Austausch entwickelt. Sollte in Ihrem Freundeskreis so etwas noch nicht die Runde gemacht haben, versuchen Sie es einfach mal und zapfen Sie Ihre sozialen Netzwerke an.

7

Alltagsspiele – Schenken Sie Wissen

»Mama, wann sind wir endlich da?« Mittlerweile greifen viele Eltern auf langen Autofahrten auf elektronische Beschäftigungstherapien zurück, um eine solche Frage im Fünf-Minuten-Takt zu umgehen. Dank Navi und GPS[104] gibt es heute im Gegensatz zu früher zumindest aber belastbarere Prognosen zur Ankunftszeit.

Vielversprechend finde ich ein altes, aber zeitloses Spiel im Auto, allerdings mit einem kleinen Zusatz. Auf den Autobahnen tummeln sich Fahrzeuge aus den unterschiedlichsten Winkeln Deutschlands und darüber hinaus. Alle sind ausgestattet mit ein bis drei Buchstaben am Anfang des Nummernschildes, die auf den Ort der Zulassung hinweisen.[105] Viele mögen sich jetzt an ihre eigene Kindheit erinnern oder spielen das Spiel auch heute mit ihrem Nachwuchs: Nummernschild-Ra-

---

104 Das Global Positioning System (GPS) ist ein auf Navigationssatelliten gestütztes Positionsbestimmungssystem der United States Space Force. Eine europäische Alternative trägt den Vornamen welches italienischen Wissenschaftlers?

105 Natürlich nicht alle. Die Dienstwagen einiger Amtsträger*innen und Diplomat*innen beginnen mit Zahlen. Im Gegensatz zum Bundespräsidenten (0–1), der Bundeskanzlerin (0–2) und dem Außenminister (0–3) beginnt wessen Wagen nicht mit einer 0, sondern mit einer 1?

ten. Wofür steht WER, TUT und ABI? Wo kommt VK[106], TET[107] oder ALF[108] her? Ich muss gestehen, trotz ausgeprägtem Interesse an Erdkunde habe ich mich dabei immer etwas schwergetan. Schon zum dritten Mal fuhr ein Fahrzeug vorbei, dessen Nummernschild mit FN begann, aber Friedrichshafen fiel mir dennoch nicht ein. Der Höhepunkt war erreicht, als ich einmal K nicht zuordnen konnte. Karlsruhe? Kaiserslautern? Nein, die Antwort war eindeutig Karneval-Kater. Wirklich besser wurde es, als ich mir angewöhnte, zu jedem Unterscheidungszeichen, das ich sah und nachschlagen musste, einen interessanten passenden Fakt zu finden. Andernfalls bliebe die dazugehörige Stadt oder der Landkreis lediglich eine Vokabel. Und Vokabeln ohne sinnhafte Verankerung bleiben nicht langfristig im Gedächtnis hängen.

ABI steht nicht nur für Abitur, sondern für den Landkreis Anhalt-Bitterfeld in Sachsen-Anhalt. Der Landkreis bleibt mir nun besser in Erinnerung, nachdem ich herausfand, dass Johann Sebastian Bach hier unter an-

---

106   Zu den am meisten frequentierten Webseiten Deutschlands zählt vk.com. Dies ist ein soziales Netzwerk, vergleichbar mit Facebook, in dem vornehmlich welche Sprache gesprochen wird?

107   Tết ist das Neujahrsfest nach dem Mondkalender und der wichtigste Feiertag in welchem südostasiatischen Land, das etwa so groß wie Deutschland ist, aber knapp 100 Millionen Einwohner hat?

108   Die US-amerikanische Sitcom Alf war die erste TV-Serie, die mit welchem Mehrkanal-Tonsystem im Heimbereich ausgestrahlt wurde?

derem Teile des »Wohltemperierten Klaviers« und seiner »Brandenburgischen Konzerte« geschrieben hat und dass die im Landkreis befindliche Stadt Köthen durch den Sitz des homöopathischen Weltärzteverbandes auch als »Welthauptstadt der Homöopathie« bezeichnet wird. Das geht auf Samuel Hahnemann zurück, den Begründer der in ihrer Wirksamkeit fraglichen Behandlungsmethode. Zudem befindet sich in Bitterfeld die zweitgrößte Bernsteinlagerstätte der Welt, die durch den Abbau von Braunkohle freigelegt worden ist. Keine Abi-relevanten Informationen, aber durch solche besonderen Fakten wird ABI mehr als eine reine geografische Vokabel.

Und auch zu den anderen zuvor genannten KFZ-Kennzeichen findet man nach kurzer Suche etwas Interessantes zu berichten, sei es über Personen, die dort wirkten, geboren wurden oder starben, ansässige Organisationen und Unternehmen oder viele andere Besonderheiten von Musik über Literatur bis hin zu Sport. Bei TUT entsprechen praktischerweise schon die ersten drei Buchstaben den Anfangsbuchstaben des Landkreises Tuttlingen in Baden-Württemberg. Tausende feierwütige Musikfans kennen die Region durch »Southside«, mit über sechzigtausend Besucher*innen eines der größten und populärsten Musikfestivals Deutschlands.[109] VK steht für die viertgrößte Stadt des Saarlandes und bleibt

---

109   Seit dem Jahr 2000 eröffnet ein Musikzug der Freiwilligen Feuerwehr in welchem schleswig-holsteinischen Ort mit einem Konzert unter dem Motto »Metal meets Brass« eines der größten Heavy-Metal-Festivals der Welt?

in Erinnerung durch das imposante Industriedenkmal Völklinger Hütte. Sie zählt seit dem Jahre 1994 zum UNESCO-Weltkulturerbe und gilt als das weltweit einzige Eisenwerk aus der Blütezeit der Industrialisierung, das vollständig erhalten ist. Heutzutage lockt es mit Kunst- und Kulturausstellungen in besonderer Umgebung. Auch ALF kann mit einer der insgesamt dreiundvierzig Weltkulturerbestätten Deutschlands aufwarten: In der südniedersächsischen Kleinstadt Alfeld an der Leine befindet sich die von Bauhaus-Gründer Walter Gropius entworfene Fabrikanlage der Fagus-Werke, die als eines der frühesten Beispiele und Schlüsselbauten der architektonischen Moderne gelten. Mit diesen Informationen erhalten ABI, VK, TUT und ALF ein charakteristisches Gesicht (auch wenn Letzteres sich sicher schon ungewollt in haariger Form vor die innere Brille geschoben hat).

Ein vielfältig einsetzbares Spiel ist das Aufzählungsduell. Sie wählen einen Begriff und müssen abwechselnd passende Exponenten aufsagen, beispielsweise deutsche Fußballnationalspieler*innen mit mindestens hundert Einsätzen. Alternierend können Sie dann Lothar Matthäus, Birgit Prinz und Franz Beckenbauer nennen, bei Michael Ballack und Gerd Müller wäre allerdings Schluss. Bei komplexeren Listen braucht es natürlich immer auch eine dritte Person, die die Nennungen überprüft. Die Listen können Sie ganz Ihren Interessen anpassen, jedes Gebiet hält etwas für Sie bereit, seien es die Kaiser Roms, die Siegerinnen von Germanys Next Top Model oder die Alkali-Metalle.

Der Versuch, dieses Spielprinzip als eigene TV-Show zu etablieren, scheiterte zwar sowohl in den USA als auch in Deutschland (»The Rich List«), dennoch findet es als Spielelement immer wieder Verwendung, nicht nur bei »Schlag den Raab«. So musste ich mich vor Kurzem gegen zwanzig siebenköpfige Teams beim Quiz-Event »Schlag den Klussmann« behaupten. Eine Aufgabe war das direkte Rich-List-Duell. Die Fragen stammten von niemand Geringerem als meinem geschätzten Jagdkollegen und Freund Sebastian Jacoby, mit dem ich bereits drei Mal die Deutsche Doppelmeisterschaft gewinnen konnte. Im direkten Duell trat ich gegen die verschiedenen Teams an, und abwechselnd mussten wir die DAX-Unternehmen, die Titel der Asterix-Bände, die Astronauten, die einen Fuß auf den Mond setzten, und die Olympiasieger im 100-Meter-Lauf benennen.

Ich erinnere mich gerne an lange Autofahrten während meiner Kindheit, die ich dafür nutzte, gegen meinen Vater in Geografie-Duellen anzutreten. Wer kennt mehr Staaten, die mit dem Buchstaben »I« beginnen? Wer kann mehr Länder nennen, deren Flaggen ausschließlich aus den Farben Rot, Blau und Weiß bestehen? Auf den Territorien welcher Staaten übersteigt die höchste Erhebung 4000 Meter? Der Suchprozess in den eigenen Hirnwänden wie auch die schmerzhaften, wenn auch mit den Jahren seltener werdenden Niederlagen waren lehrreiche Erfahrungen, im qualmenden Kopf festigte sich das Wissen.

Wenn Quiz-Neulinge das Fieber gepackt hat, dann verschlingen sie jedes Quiz, das sie in die Finger bekommen. Ob als Wettkampf, im Fernsehen, auf der App oder online. Einige stürmen zu jedem Pubquiz ihrer Stadt, sodass die Pubquizmaster ihre Pappenheimer[110] oft häufiger sehen als die meisten Freund*innen. Montags im Cottage, dienstags im Red Lion, donnerstags im O'Connors, und am Sonntag zum Wochenabschluss wird das Finnegans-Pubquiz[111] der TV-Institution »Tatort« vorgezogen.[112] Dagegen spricht natürlich nichts, insbesondere wenn man diese Erlebnisse mit Freund*innen bei einem kühlen Bier teilen kann. Wenn mich Nachwuchs-Quizzer nach der besten Trainingsmethode fragen, dann preise ich diese Art der Quizmanie jedoch nicht an. Nicht nur, weil viele Pubquizze meist einen gewissen wiederkehrenden Kanon abfragen, sondern weil es eine wesentlich bessere Methode gibt: nämlich Quizfragen selbst schreiben. Viele herausragende Quizzer haben ihren Anfang als Pubquizmaster gehabt, und viele Leis-

110   In dem Bühnenstück »Wallensteins Tod« sagt der titelgebende Feldherr anerkennend und nicht herabwürdigend: »Daran erkenn' ich meine Pappenheimer.« Welcher deutsche Dichter ist Urheber des Dramas?

111   Das literarische Werk »Finnegans Wake« des irischen Autors James Joyce gilt als kaum lesbar und unübersetzbar. Der Physiknobelpreisträger Murray Gell-Mann ließ sich bei der Namensgebung welches schmackhaft klingenden Elementarteilchens von der Lektüre inspirieren? Die Textzeile lautet: »Three (…) for Muster Mark«.

112   In dem nach Zuschauerzahl (26,57 Millionen) erfolgreichsten »Tatort« aus dem Jahre 1978 spielte welcher deutsch-österreichische James-Bond-Bösewicht die Hauptrolle?

tungssteigerungen ergaben sich erst dann, als Quizzer die Seite wechselten und mit ihren selbst verfassten Fragen das Pub-Publikum testeten. Bis heute zehre ich von den Tausenden Quizfragen, die ich vor allem bei Pubquizzes in Berlin gestellt habe.

Der Vorteil ist offensichtlich: Um eine Frage schreiben zu können, muss man sichergehen, dass die Informationen in der Frage und die gesuchte Antwort korrekt sind. Das lässt sich nur gewährleisten, wenn man sich wesentlich tiefgehender mit der Materie auseinandersetzt. Was wir selbst niederschreiben, also aktiv reproduzieren, können wir uns wiederum wesentlich besser merken. Im besten Fall trifft man bei der Recherche zudem auf weiterführende spannende Fakten und Zusammenhänge.

Man muss dafür übrigens kein Kneipenquiz leiten. Warum nicht bei der nächsten Geburtstagsfeier die Gäste mit einem kleinen Quiz unterhalten? Überraschen Sie Ihre Eltern oder Großeltern mit Fragen zu Dingen, die in deren Jugend geschehen sind. Die Erinnerungen an die prägenden Filme und Musikstücke ihres Lebens werden gewiss ein Lächeln auf die Lippen zaubern, und Sie werden eine Menge dabei lernen, nicht zuletzt auch über die Zeit, in der Ihre Verwandten aufgewachsen sind.

Oder nehmen Sie Geburtstage zum Anlass, Wissen zu verschenken. Suchen Sie sich ein bedeutendes Ereignis heraus, das an dem Tag in die Geschichtsbücher einging, oder eine interessante historische Persönlichkeit, die an dem gleichen Tag geboren worden ist, und versehen Ihre Geschenkverpackung doch mit einer Notiz, gerne auch mit einem schmeichelnden Vergleich für das Geburtstagskind. Wissen neu verpackt!

Sie können sich auch selbst mit Wissen beschenken. So offenbart ein Blick in die Geschichtsbücher, dass an meinem Geburtstag 1974 Günter Guillaume, einer der engsten Mitarbeiter des Bundeskanzlers Willy Brandt, als DDR-Agent des Ministeriums für Staatssicherheit enttarnt worden ist. Am selben Tag spielte um 22:55 Uhr der portugiesische Rundfunk den portugiesischen Beitrag zum Eurovision Song Contest, das Liebeslied »E Depois do Adeus« (»Und nach dem Abschied«) von Paulo de Carvalho. Nicht bedeutend? Doch: Dieses Lied war das erste verabredete Geheimsignal, mit dem die Nelkenrevolution in Portugal begann. Der Putsch führte zum Sturz der Diktatur und nach einer Übergangsphase mit verschiedenen provisorischen Regierungen, die vom Militär eingesetzt worden waren, 1976 zu demokratischen Wahlen und der Dritten Portugiesischen Republik.

Es ist nicht lange her, da habe ich eine spannende Formatidee meines kreativen Quizkumpels Guido Marquardt testen dürfen, die am besten für vier bis sechs Personen geeignet ist: das Improquiz.

1. Ein Thema wird abwechselnd von den Spielenden per Stichwort festgelegt. Es sollte nicht zu breit sein, wie beispielsweise Geschichte oder Geografie, allerdings auch nicht zu spezifisch wie »Georgische Politiker*innen, die Bratsche spielen«. Der

Mittelweg ist am besten, also beispielsweise »Deutsche Fußballnationalspieler*innen«, »Italienische Küche« oder »Musik der Neunzigerjahre«.

2. Nun haben alle Spieler*innen zwei bis drei Minuten Bedenkzeit und schreiben in dieser Zeit eine Quizfrage zum Stichwort auf, natürlich mithilfe von Google.

3. Die Fragen werden reihum gespielt (natürlich ohne zu googeln). Wer eine Frage richtig beantwortet, bekommt 1 Punkt.

4. Auch für diejenigen, die die Frage geschrieben haben, gibt es eine Wertung: Alle anderen haben die Frage gelöst: 0 Punkte (zu einfach). Niemand hat die Frage gelöst: 0 Punkte (zu schwer). Die weitere Punktewertung ist abhängig von der Spielerzahl und hier nun am Beispiel von insgesamt vier Spieler*innen erläutert. Nur eine Person hat die Frage gelöst: 1 Punkt für den/die Fragesteller*in. Zwei haben die Frage gelöst: 3 Punkte für den/die Fragesteller*in.

5. Die Runde ist beendet, wenn jede*r seine Frage zum Stichwort gestellt hat. Die Fragen sollten allerdings alle zeitgleich fertig geschrieben werden, damit niemand sie nach dem Spielen anderer Fragen zum Thema noch anpassen kann.

6. Die nächste Runde mit einem neuen Stichwort beginnt.

7. Nach einer vorher vereinbarten Anzahl an Runden oder bei Erreichen einer bestimmten Punktzahl ist Schluss.

Die besondere Herausforderung bei diesem Spiel liegt darin, weder zu leichte noch zu schwere Fragen zu stellen. Darüber hinaus wird auch die Taktik, eine Frage nur für eine bestimmte Person maßzuschneidern, nicht belohnt. Neben der Wissensprüfung ist dieses Spiel natürlich auch ein Test, wie gut man seine Mitspieler*innen kennt und einschätzen kann. Grundvoraussetzung dafür ist, dass alle Teilnehmer*innen auch ehrlich bemüht sind, die Quizfragen der anderen zu lösen.

Was kann man mit den Elementen Selenium, Barium, Schwefel, Titanium, Adamantium und Stickstoff machen? Genau, meinen Vornamen schreiben! Aus den Elementsymbolen Se, Ba, S, Ti, A und N ergibt sich der beliebte Vorname griechischen Ursprungs.[113] Wie können Sie Ihren Namen aus den Symbolen der chemischen Elemente des Periodensystems basteln? Eine kleine Übung, die das chemische Ordnungssystem wieder vor Augen führt und einzelne Elemente an Sie bindet. Insbesondere die Elementsymbole für Barium und Brom erfuhren in den letzten Jahren eine große Aufmerksamkeit, so waren sie samt Ordnungszahl passenderweise im Intro und im Logo von »**Br**eaking **Ba**d« zu sehen, der exzellenten TV-Serie rund um Bryan Cranston, der in seiner Rolle als Walter White[114] vom Che-

---

113 Sebastian kommt aus dem Griechischen und bedeutet »der Erhabene«, genauso wie der Name welches römischen Kaisers?

114 Welcher deutsche Physik-Nobelpreisträger und Begründer der Quantenmechanik des Jahres 1932 diente Walter White bei seinen Geschäften als Deckname?

mielehrer zum Drogenbaron mutiert. Ein bisschen habe ich allerdings geschummelt, der Hals der Chemielehrer darf wieder abschwellen, und die bösen Briefe der Oberstudiendirektoren müssen nicht abgeschickt werden: Adamantium gibt es nicht im Periodensystem der Elemente, es ist fiktiv. Erwähnt wird es jedoch in der griechischen Mythologie bei den Darstellungen des Dichters Hesiod genauso wie in J.R.R. Tolkiens »Herr der Ringe« und in den Comic-Welten von Marvel. Ohne dieses Hilfsmittel wäre die Konstruktion meines Vornamens nicht möglich, ein kleines Manko des Spiels.

Im Gegensatz zu mir haben es die jungen Träger des beliebtesten Vornamens des vergangenen Jahrzehnts leichter, denn sie können es problemlos, es bedarf lediglich zweier realer Elemente: Beryllium und Stickstoff. Na, wissen Sie, welcher Name gemeint ist? In neun aufeinanderfolgenden Jahren gaben Eltern ihren Söhnen am häufigsten den Namen Ben.[115] Und nun sind Sie an der Reihe! Welche Elemente brauchen Sie für Ihren Namen?

Viele Menschen sind frustriert und klagen darüber, dass sie sich keine Namen merken können. In der Tat kann dies schwerwiegende Folgen haben, so behauptete schon Dale Carnegie, Autor des Dauer-Bestsellers »Wie man Freunde gewinnt. Die Kunst, beliebt und einflussreich zu werden«: Für jede*n ist der eigene Name »das

---

115 Welcher »Ben« wurde 1998 zusammen mit seinem Freund Matt Damon mit dem Oscar für das beste Originaldrehbuch für den Film »Good Will Hunting« ausgezeichnet?

schönste und bedeutungsvollste Wort in seinem Sprachschatz«. Menschen, die uns mit unseren Namen ansprechen und dabei deutlich signalisieren, dass sie diesen und uns kennen, hinterlassen einen besseren Eindruck. Wenn man einen Namen vergisst, ist es zumindest peinlich, es kann aber auch vom Gegenüber als enttäuschend oder gar beleidigend aufgefasst werden. Genau diese Erkenntnis haben sich viele Politiker*innen zu eigen gemacht. Von dem ehemaligen US-Präsidenten Bill Clinton wird berichtet, dass er sich bereits sehr früh in seiner Karriere Tausende von Namen mit wichtigen persönlichen Informationen in sein kleines schwarzes Adressbuch notierte. So konnte er über die Jahre nicht nur auf ein wichtiges Netzwerk zurückgreifen, sondern überzeugte die Menschen auch beim Wiedersehen im persönlichen Kontakt. Gerade in ihren Wahlkreisen punkten Abgeordnete mit Bürgernähe, da hilft schon einmal die namentliche Ansprache beim Werben für Vertrauen.

Ein kleiner Trick kann Ihnen helfen, sich Namen besser einzuprägen, und gleichzeitig Ihr Allgemeinwissen verbessern. Suchen Sie sich zu verschiedenen Vornamen ein paar prominente Vertreter*innen. Wenn Sie beispielsweise einen Mann namens Sebastian kennenlernen, gibt es folgende bunte Auswahl: Krimi-Autor Fitzek, der österreichische Bundeskanzler Kurz[116], Prin-

---

116 Sebastian Kurz (Jahrgang 1987) ist der jüngste Regierungschef der Welt, wer ist jedoch das jüngste Staatsoberhaupt (Jahrgang 1984), zumindest de facto, denn symbolisch ist sein Großvater der »ewige Präsident«?

zen-Sänger Krumbiegel[117], Rennfahrer Vettel und die Fußballer Deisler, Kehl und Rudy. Weisen Sie nun bei der ersten Begegnung oder danach der betreffenden Person einen halbwegs passenden prominenten Namensvetter zu. Um eine sinnvolle Verknüpfung vollziehen zu können, muss man natürlich ein bisschen was über die Promis wissen. Und je mehr man weiß, desto einfacher fällt der Brückenbau. Die Verknüpfung kann auf unterschiedlichen Wegen geschehen, sie kann sich auf optische Merkmale beziehen, aber auch auf ganz andere, das ist Ihrer Fantasie überlassen. Wichtig ist nur, dass Sie den Sebastian von der Party mit einem der prominenten Vertreter geistig zusammenbringen. Und je öfter man das macht, desto besser gelingt es einem. Ein weiteres Beispiel für den Matthäus-Effekt.

Wenn Sie keinen Promi parat haben, dann gibt es zumindest einen guten Grund, sich auf die Suche nach Gleichnamigen zu machen. Begleitend können Sie zudem dem Wortursprung der Namen nachgehen, so soll ich ja »erhaben« sein. Oder Sie finden passende kulturelle Verarbeitungen, beim Namen meiner Mutter etwa kann man auf Rocco Granatas Evergreen und Nr.-1-Hit »Marina« zurückgreifen.

Sich auf diese Art Nachnamen zu merken, ist aufgrund der Vielfalt[118] von Nachnamen, zumindest hierzu-

---

117 Sebastian Krumbiegel war wie die meisten seiner Band-Kollegen in seiner Jugend Teil welches bedeutenden Leipziger Knabenchors, der zu den vier ältesten Knabenchören Deutschlands und Europas zählt?

118 Welcher deutsche Vorname ist der häufigste Familienname,

lande[119], eher schwieriger. Vielleicht entdeckt man ja aber auch auf der Suche nach Personen mit demselben Nachnamen neue interessante Persönlichkeiten. So stoße ich bei einem meiner besten Kumpels, dessen Nachname Blum zumindest auf Position 200 der häufigsten deutschen Nachnamen rangiert, auf den deutschen Dichter Robert Blum, der sich als Abgeordneter der Frankfurter Nationalversammlung in der Paulskirche, dem ersten demokratisch gewählten gesamtdeutschen Parlament, maßgeblich für den Republikanismus und die demokratische Entwicklung einsetzte. Ein Engagement, das er 1848 mit seinem Leben bezahlte, als er nach der Beteiligung am Oktoberaufstand im selben Jahr standesrechtlich hingerichtet wurde. Léon Blum war dreifacher französischer Premierminister in den Dreißiger- und Vierzigerjahren und führender Kopf des französischen Widerstandes gegen die Nationalsozialisten. Mit welchen berühmten Personen teilen Sie, Ihre Freunde und Bekannten sich Ihren Nachnamen?

---

der mit einem Vokal beginnt?

119 In welchem Land tragen ungefähr 40 Prozent der Einwohner den Nachnamen Nguyen?

8

Wissen umsonst – Gratis-Magazine und Newsletter

Vielleicht ist es mein Hang zum Gedruckten, der mich immer wieder dazu verleitet, aber mit einer traumwandlerischen Sicherheit entdecke ich die Gratis-Info-Hefte, die in Geschäften ausliegen, und greife zu. Natürlich sollen sie meist zum Kauf anregen, doch ich erfahre beispielsweise jeden Monat durch das Entertainment-Magazin *Piranha* der deutschen Elektronikkette Saturn viel Wissenswertes über Musik, Filme und Videospiele. Beim Konkurrenten aus dem eigenen Haus, der Elektrofachmarktkette Media Markt, bekommt man Ähnliches geboten mit dem Point-of-Sale-Magazin *Start*.

Auch das Warten auf den nächsten Burger kann sinnvoll genutzt werden: Die beiden größten Fast-Food-Ketten bieten mit ihren Heftchen *King* und *Kino News* kurzweilige Überblicke über die neuesten Filme, Spiele und elektronischen Geräte. Gelegentlich mache ich sogar einen kleinen Umweg, um mir diese Blätter als Lektüre für den Heimweg zu besorgen – und widerstehe erfolgreich dem Drang nach den Klassikern der Systemgastronomie. Viele Geschäfte sind mittlerweile auf den Geschmack gekommen und bieten ihren Kunden diese Form von Wissen to go an.

Statistisch gesehen müssten die meisten Leser*innen dieses Buches zumindest folgendes besonders prominentes Beispiel schon einmal in den Händen gehalten haben: die *Apotheken Umschau*. Das populärwissenschaftliche Gesundheitsmagazin hat eine stolze Auflage von über zehn Millionen Exemplaren und eine etwa doppelt so hohe Reichweite. Nach der Mitgliederzeitschrift *ADAC Motorwelt* gilt das zwei Mal im Monat erscheinende Heft als Deutschlands auflagenstärkstes Magazin. Auch wenn es sarkastisch oft als »Rentner-Bravo« und »Stützstrumpf der Nation« bezeichnet wird, habe ich es bei den Apothekenbesuchen zur Aufstockung des Tablettenarsenals meiner geliebten Oma nicht für sie, sondern für mich mitgenommen. Neben interessanten Artikeln zu Blasenschwäche, Rückenschmerzen und Darmproblemen finden sich auch leicht zugängliche und populärwissenschaftlich solide dargestellte Erkenntnisse der Medizin aus Geschichte und Gegenwart.

Solcherlei Magazine finden Sie nicht nur in Geschäften, sondern auch an anderen Orten, so beispielsweise in Museen die informativen Blätter *kunst:art* und die *Kunstzeitung*, die einen aktuellen Überblick über die Kunstaustellungen im deutschen Raum bietet und in exzellenten Artikeln Künstler*innen, Kunstströmungen und Ideen vorstellt und historisch einordnet. Auch viele Regionen und Städte haben kulturelle Angebotsübersichtshefte, die zum nächsten Besuch anregen sollen – samt knappen Informationstexten, die perfekt in die Jacken- oder Hosentasche passen.

Auf meinen Bahnfahrten durch die Republik blättere

ich immer gern in *mobil*, dem hundertseitigen Kunden-magazin der Deutschen Bahn. Insbesondere mein Wissen über Deutschland konnte ich dadurch erweitern, hier entdeckt man tolle Fotografien von allen Ecken des Landes, inspirierende Reiseempfehlungen oder prominente Persönlichkeiten, die ihre Lieblingsorte verraten. Wenn also bei der nächsten ICE-Fahrt mal wieder die Internetverbindung etwas stockt, greifen Sie doch mal zum mobilen Leseangebot Ihrer Fahrdienstleister.

Bekommen Sie auch so viele Mails von Unternehmen, deren Produkte Sie schon einmal gekauft haben? Manch-mal findet man unter solchen Shopping-Empfehlungen sicherlich auch sinnvolle Vorschläge, bei mir aber landen die meisten Werbemails ungelesen im Papierkorb.

Dabei können Newsletter durchaus einen Mehrwert haben: So gut wie jede Tageszeitung beispielsweise bie-tet heutzutage elektronische Nachrichten kostenfrei an. Damit sollen natürlich Abonnent*innen für das um-fassendere kostenpflichtige Online-Angebot gewonnen werden, allerdings lohnt es sich eben auch, nur die kos-tenlose Kurzfassung zu lesen. Ich nutze täglich etwa ein Dutzend solcher Newsletter, vor allem aus den Berei-chen Politik, Wirtschaft, Kultur, Wissenschaft und Technologie. Die erste Mail des Tages ist ein Mor-ning-Briefing eines Chefredakteurs, und die letzte bein-haltet die Wirtschaftsnachrichten eines US-amerikani-schen Mediums. Natürlich schaffe es ich nicht jeden Tag, alle Newsletter zu lesen, aber das ist ja auch nicht weiter schlimm.

WISSENSQUELLEN

Irgendwoher muss das Wissen ja kommen! »Wenn ich weiter geblickt habe, so deshalb, weil ich auf den Schultern von Riesen stehe«, so bescheiden wie anerkennend äußert sich das Physikgenie Isaac Newton in einem Brief an seinen Kollegen Robert Hooke im Februar 1676. Heutzutage gibt es unzählige großartige Wissensangebote, mit denen sich jeder wissbegierige Mensch viel einfacher Allgemeinwissen aneignen kann als seinerzeit der britische Wissenschaftler und seine Zeitgenossen. Ich danke all den talentierten Multiplikatoren, die nicht nur meine Erkenntnisse gefördert haben, sondern uns allen zugänglich sind. Der Fortschritt hat natürlich auch seine Tücken. Die gigantischen Möglichkeiten überfordern schnell, es lässt sich leicht die Übersicht verlieren.

Zu den Standardfragen, die ich an umfassend gebildete Menschen aus meinem Umfeld richte, gehört die Frage nach den drei Informationsangeboten, auf die sie bevorzugt zurückgreifen, um Neues zu lernen. Und erstaunlicherweise muss ich oft feststellen, dass es immer noch einige fantastische Bildungsangebote gibt, die ich bisher nicht kannte. In der folgenden Zusammenstellung möchte ich die Lieblingswissensquellen mit Ihnen teilen, mit denen ich meinen Wissensdurst regelmäßig stille.

Die Qualität des Inputs ist beim Lernen von herausragender Bedeutung. Das fähigste Gehirn kann ermüden und die größte Neugier erstickt werden, wenn die Lernmaterialien nicht ansprechend gestaltet sind. Gut aufbereitetes Wissen lässt sich kognitiv nicht nur besser verdauen, auch der Appetit auf mehr Weiterbildung wächst. Meine Auflistungen sind nicht als Ranking zu verstehen, die Reihenfolge erfolgt auch nicht entlang einer qualitativen Skala. Wegen des vielfältigen hervorragenden Angebots ist es mir darüber hinaus nicht leichtgefallen, mich auf zehn Exponenten zu beschränken. Wenn Sie nur ein Viertel der genannten Quellen regelmäßig nutzen, werden Sie in der nächsten Zeit enorm viel dazulernen können.

Unter den Empfehlungen finden sich auch fremdsprachige Angebote. Mir ist bewusst, dass nicht alle von Ihnen darauf zurückgreifen können. Einige sind mittlerweile jedoch deutsch untertitelt. Da ich selbst viel auf Englisch (und auch in anderen Fremdsprachen) lerne, wollte ich nicht auf diese Angebote verzichten, auch weil es bisher leider keine im Ansatz vergleichbaren Produkte auf Deutsch gibt. Ich hoffe, dass Sie viele Lernanregungen in meinen Listen finden werden.

1

Sachbücher

Kein Weg führt am klassischen Sachbuch vorbei. Meine Auswahl fokussiert sich primär auf Bücher mit hoher Faktendichte, die einen Einstieg in möglichst viele Wissensräume bieten. Die meisten der angepriesenen Werke verfügen selbst wiederum über umfangreiche Literaturverzeichnisse, der Anfang einer wunderbaren Reise durch die Welt der Bücher ist hiermit gelegt.

1.»Eine kurze Geschichte von fast allem« – Bill Bryson

Der US-amerikanische Journalist und Schriftsteller Bill Bryson besitzt die besondere Gabe, sich in komplexe Sachverhalte einzuarbeiten und diese einem breiten Publikum auf höchst unterhaltsame Weise zugänglich zu machen. Der sonst für seine Reiseliteratur bekannte und prämierte Autor stellt in dreißig Kapiteln den gegenwärtigen Wissensstand der Naturwissenschaften dar. Für den Einstieg ist die Lektüre dieses Buches besonders geeignet: Hier werden viele Anekdoten erzählt, außerdem wird weitgehend auf Formeln verzichtet.

2. »Ideen« – Peter Watson

Dem britischen Journalisten Peter Watson ist mit seinem Buch »Ideen« ein wahrlich großer Wurf gelungen. Auf über 1200 Seiten zeichnet er sachkundig die wichtigsten Etappen und Facetten der intellektuellen Entwicklung der Menschheit nach. Dabei stellt er die bedeutendsten Werke vor, die das menschliche Denken prägten, und ordnet sie ein. Das Buch kann Bibliotheken ersetzen oder den Anstoß dafür geben, eine Bibliothek aufzubauen. Ebenfalls empfehlenswert ist Watsons »Der deutsche Genius. Eine Geistes- und Kulturgeschichte von Bach bis Benedikt XVI.«, ein faszinierendes Buch, das ebenfalls mehr als tausend Seiten umfasst.

3. »1 Kilo Kultur: Das wichtigste Wissen von der Steinzeit bis heute« – Florence Braunstein und Jean-François Pépin

»1 Kilo Kultur« ist ein Schwergewicht, das man am besten häppchenweise zu sich nimmt. Die Gewichtsangabe ist sogar untertrieben, so zeigt meine Waage ein halbes Kilo Übergewicht an – ein wichtiges Pfund zu viel. Die beiden französischen Autoren bereiten auf über tausend Seiten das Weltwissen mit Fokus auf Geschichte, Kunst und Kultur auf. Es ist, anders auch nicht denkbar, höchst konzentriert, aber dennoch – auch dank der Textgestaltung mit fettgedruckten Hervorhebungen – ein Referenzwerk, das man immer wieder gern in die Hand nimmt, um Wissen aufzufrischen oder neu zu entdecken. Erfreulich ist auch, dass die Geschichte nicht-westlicher Kulturen vergleichsweise viel Platz einnimmt, wenngleich die Darstellung westlich-europäischer Kultur dominierend ist.

4. »Licht aus dem Osten: Eine neue Geschichte der Welt« – Peter Frankopan

Der britische Historiker Peter Frankopan verschiebt mit diesem quellendichten Buch die Sichtachse auf die Weltgeschichte. Der eurozentrische Blick weicht einer Betrachtungsweise, bei der der bevölkerungsreichste Kontinent der Welt wieder ins Zentrum gerückt wird, insbesondere der Nahe und Mittlere Osten und die alten Reiche der Seidenstraße, die Ausgangspunkt vieler geschichtlich bedeutender Entwicklungen waren. Auf diese Weise erscheinen uns vermeintlich bekannte Räume in neuem Licht. Die Lektüre vermittelt nicht nur Wissen, sondern regt auch dazu an, historische Denkmuster zu überdenken.

5. »Connectography« – Parag Khanna

Der gut vernetzte indisch-amerikanische Politikwissenschaftler und Strategieberater Parag Khanna ist ein weltweit anerkannter geopolitischer Denker, der als Vortragsredner auf den globalen Bühnen gebucht ist. In seinem Werk »Connectography – Mapping the Future of Global Civilizations« beschreibt er detailliert weltpolitische Zusammenhänge, globale Wirtschaftsströme und wichtige infrastrukturelle Verknüpfungen. Der

Sohn eines Geografen-Ehepaars versteht es, durch Karten und Grafiken seine Erkenntnisse gut zu vermitteln. Fast jede Seite dieses Buches enthält Fakten, die den Horizont erweitern.

6. »Empires of the World: A Language History of the World« – Nicholas Ostler

In diesem Werk zeigt der britische Linguist und Gelehrte Nicholas Ostler die Menschheitsgeschichte als Geschichte der Sprachen. Von Sanskrit über Arabisch bis hin zu Chinesisch – die Weltsprachen sind trennende und verbindende Elemente geschichtlicher Entwicklungen. Das Buch strotzt vor interessanten Erkenntnissen über Sprachen, ihre Entwicklung und Funktion. Bei dieser Darstellungsweise kommen die großen geschichtlichen Entwicklungen nicht zu kurz, sondern in vielerlei Hinsicht sogar erst anschaulicher zur Sprache.

7. »Arm und Reich – Die Schicksale menschlicher Gesellschaften« – Jared Diamond

Der US-amerikanische Universitätsprofessor und Evolutionsbiologe Jared Diamond ist ein intellektueller Tausendsassa. Wie kaum ein anderer lebender Gelehrte kann er Wissen und Annahmen aus zahlreichen Gebieten neu miteinander verknüpfen. Man profitiert hier nicht nur von einem erheblichen Erkenntnisgewinn, sondern wird zum Denken angeregt. Diamond entwickelt eine umfassende Theorie des geografischen Determinismus und führt die unterschiedliche Entwicklung menschlicher Gesellschaften auf äußere Umweltfaktoren zurück wie geografische Gegebenheiten, das Klima oder die Tier- und Pflanzenwelt. Eine These, die natürlich nicht ohne Widerspruch blieb. 1998 wurde er für dieses Buch mit dem renommierten Pulitzer-Preis ausgezeichnet.

8. »Gewalt: Eine neue Geschichte der Menschheit« – Steven Pinker

Der an der Harvard-Universität lehrende kanadische Evolutionspsychologe Steven Pinker, Autor zahlreicher Bücher, entwirft ausgehend von der Frage, ob sich unser Umgang mit Gewalt verändert hat, eine neue Gesamtgeschichte der menschlichen Zivilisation. Nach umfangreichen Recherchen zu Formen kollektiver und individueller Gewalt kommt er zu dem Schluss, dass die Menschheitsgeschichte von einem fast kontinuierlichen Gewaltrückgang geprägt ist. Wer etwas Mut für die Zukunft braucht und viel lernen möchte, dem sei diese beeindruckend belegte Vergangenheitsdarstellung empfohlen. Selten war ein Sachbuchwälzer so erbauend und erkenntnisfördernd zugleich.

9. »Warum Nationen scheitern« – Daron Acemoğlu und James A. Robinson

Die in den USA lehrenden Wirtschafts- und Politikwissenschaftler Acemoğlu und Robinson weisen anhand von zahlreichen Fallbeispielen nach, dass es in erster Linie die politischen Institutionen sind, die dauerhaftes Wirtschaftswachstum, Wohlstand und damit ein Fortbestehen des Staates garantieren. Man kann diesen Parforceritt durch die Geschichte auch als Antwort zu Diamonds »Arm und Reich« lesen. Grundsätzlich sollte man solchen einfachen Weltformeln immer ein Stück Skepsis entgegenbringen, aber selbst wenn man die Ursachen für Reichtum und Armut nicht nur in den Institutionen vermutet, bietet das Buch der beiden einflussreichen Akademiker viele wissenserweiternde Geschichten aus den unterschiedlichsten Zeiten und Weltregionen.

10. »Eine kurze Geschichte der Menschheit« und »Homo Deus« – Yuval Noah Harari

Die Werke des israelischen Historikers Yuval Noah Harari sind sicherlich untypisch für diese Liste. Sie zeichnen sich nicht durch eine hohe Faktendichte aus. Nach der Lektüre wird man keinen bedeutenden Wissenssprung im traditionellen Sinne machen. Harari gelingt es jedoch, Wissen neu zu denken. Ein wichtiger Beitrag dazu, uns auf neue gedankliche Fährten zu begeben. Im aufklärerischen Sinne können wir unseren Geist neu bedienen und so auch einen informierten Blick auf unsere Gegenwart und die Zukunft werfen.

2

Apps, Webseiten und YouTube-Kanäle

Wer Apps und Webseiten nicht in seinen Lernalltag integriert, verpasst eine große Chance. Folgend zehn kostenlose Angebote, die Ihren Tag nicht nur mit Wissen, sondern auch mit Spaß und Freude bereichern können.

1. Sporcle

Unglaubliche 800 000 Quizze finden sich auf dieser beliebten Webseite, deren Popularität 3,4 Milliarden Aufrufe belegen. Bis heute besonders gefragt sind klassische Aufzählungsspiele, beispielsweise »Zähle alle Länder Europas auf«. Was spröde klingt, erweist sich durch die Darstellung und Benutzerfreundlichkeit der Webseite als überraschend unterhaltsam und kann süchtig machen. »Mist, schon wieder fehlt mir ein Land, auf ein Neues!« Mittlerweile strotzt die Webseite vor Vielseitigkeit und Multimedialität, innovative Quizzes gibt es zu allen Themen, oft mit Bildern versehen, gelegentlich auch mit Audiohilfen.

2. Quizduell

Auch wenn der Klassiker unter den Quiz-Apps nicht mehr auf allen Smartphones zu finden ist, das kurzweilige Duell über 18 Fragen lohnt sich dennoch. Man kann im Freundes- und Familienkreis den größten Klugschei-ßer finden oder deutschlandweit auf Gegnersuche ge-hen. Noch heute spielen viele Tausende Spieler*innen das 2013 in Deutschland veröffentlichte Spiel eines schwedischen Entwicklerstudios täglich, das hierzulan-de knapp 40 Millionen Mal heruntergeladen wurde. Der virale Quiz-Hit wurde sogar von der ARD fern-sehtauglich adaptiert und wird vom selbst ernannten Quiz-Onkel der Nation, Jörg Pilawa, moderiert. Regel-mäßig gibt es auf der App zudem aktualitätsbezogene Spezialquizze, die Themen sind von Karneval bis hin zur Fußball-Weltmeisterschaft.

3. Freerice

Lernen und gleichzeitig etwas Gutes tun? Die App Free-rice macht dies möglich. Zu meinen Schulzeiten habe ich mit dem damals ausschließlich auf einer Webseite lau-fenden Spiel meinen Englisch-Wortschatz massiv er-weitern können. Mittlerweile werden nicht nur Vokabel-tests angeboten, man kann sein Wissen auch in den Bereichen Geografie, Kunst, Literatur und Chemie über-prüfen. Für jede richtige Antwort werden zehn Körner Reis gespendet. Das klingt erst einmal wenig, es braucht laut Angaben des World Food Programme der Vereinten Nationen 20 000 Körner Reis, um eine erwachsene Per-son zu ernähren. Wenn man sich jedoch in einen regel-rechten Wahn spielt, ist das durchaus möglich. Und na-türlich macht es am Ende die Masse. Bisweilen kamen so über 100 Milliarden Reiskörner im Monat zusammen. Hunger und Wissensdurst gleichzeitig stillen.

4. Khan Academy

Die Khan Academy, gegründet und geleitet von dem ehemaligen Hedgefonds-Manager Salman Khan, bietet auf ihrer Webseite und ihrem YouTube-Kanal über 4000 Lernvideos zur freien Verfügung – vornehmlich aus den Bereichen Mathematik, Naturwissenschaften, Geschichte und Wirtschaft. Der Ursprung des Dienstes geht auf die Nachhilfestunden zurück, die Khan seiner Nichte online gegeben hat. Als allgemein die Nachfrage nach Nachhilfe immer mehr wuchs, begann er Tutorials zu drehen und diese auf YouTube zu stellen. Wegen seines pädagogischen Talentes und seiner hervorragenden Wissensaufbereitung fanden die Videos schnell enormen Zulauf. Khan gilt als Wegbereiter für eine Reihe kostenloser Bildungsangebote auf YouTube und im Netz. Auch Bill Gates zeigte sich begeistert von seiner Arbeit und unterstützte diese mit einem Millionenbeitrag. Ich hätte mir gewünscht, zu meinen Schulzeiten auf solche Ressourcen zurückgreifen zu können, und hoffe, dass viele Schüler*innen, aber auch Lehrer*innen von Khan lernen werden.

5. edX

edX ist eine Plattform für sogenannte MOOC, Massive Open Online Courses, also für weltweit zugängliche

Unterrichtskurse im Internet. Ins Leben gerufen wurde das Angebot im Mai 2012 von zwei renommierten US-Universitäten, der Harvard-Universität und dem Massachusetts Institute of Technology. Über 2500 Online-Kurse von 140 bedeutenden Institutionen stehen mittlerweile bereit, in der Regel kostenfrei, es sei denn, man möchte ein Zertifikat erwerben. Die Kurse bestehen aus wöchentlichen Lerneinheiten, welche man jedoch im eigenen Lerntempo bewältigen kann. Die Angebotspalette reicht von Sprach- und Programmierkursen über BWL- und Ingenieurslehrgängen bis hin zu Fortbildungen auf sozial- und geisteswissenschaftlichen Gebieten. So kann man beispielsweise von einem Kurator am berühmten Museo del Prado in Madrid etwas über die europäische Kunstgeschichte lernen.

6. TED Talks

Wo findet man unterhaltsame Vorträge von Expert*innen, die maximal 18 Minuten dauern und die wichtigsten Thesen, Gedanken und Fakten zu einem bestimmten Thema präsentieren? Das gibt es bei TED Talks. Was einst hinter verschlossenen Türen begann und nur wenigen zahlungskräftigen Kund*innen angeboten wurde, ist jetzt frei im Netz verfügbar und zu einer globalen Marke avanciert. Sie können inklusive der TEDx-Ableger mittlerweile zwischen mehr als 50 000 Vorträgen auswählen. Bill Clinton, Bill Gates und auch ich standen bereits im roten Kreis. Zu den beliebtesten Vorträgen zählen allerdings »How to speak so that people want to listen« von Julian Treasure, »This is what happens when you reply to spam email« von James Veitch und »10 things you didn't know about orgasm« von Mary Roach. Infotainment at its best!

7. Taschenhirn

Taschenhirn.de ist eine der umfangreichsten, redaktionell betreuten Wissens-Datenbanken in deutscher Sprache. Über 100 000 relevante Fakten, Zahlen und Daten sind in mehr als 300 Listen geordnet und klickbereit. Die Info-Webseite ist eine hervorragende Anlaufstelle zur Auffrischung, aber auch zur Erweiterung bestehenden Wissens, wenn mal der kleine Wissenshunger kommt. Es lohnt sich, viele der Standardlisten des Allgemeinwissens in regelmäßigen Abständen erneut anzuschauen. Taschenhirn ordnet seine Listen in 15 Wissenskategorien, zu denen neben den Themenklassikern wie Geschichte, Literatur und Philosophie auch sonst etwas vernachlässigte Bereiche wie Mode und Lifestyle zählen. Vor wichtigen Turnieren oder TV-Aufzeichnungen schaue ich gerne auf die kuratierte Faktensammlung, denn auch das Einmaleins der Allgemeinbildung kann in Vergessenheit geraten.

8. Five Books

Wenn Ihnen meine Buchempfehlungen nicht ausreichen, dann bietet die Webseite fivebooks.com ein unerschöpfliches Reservoir weiterer Lesetipps. Ausgewiesene Expert*innen empfehlen jeweils fünf Bücher zu einem ausgewählten Wissensbereich und begründen in einem begleitenden Interview ihre Auswahl. Weit mehr als fünf Bücher meiner Bibliothek gehen auf die auf Five Books besprochenen Werke zurück. Zu über tausend Themen wurden bisher fünf Bücher empfohlen und in detaillierten Kategorien übersichtlich aufgelistet. Zu den namhaften Ratgebenden zählen u. a. die US-amerikanische Schriftstellerin Tess Gerritsen, auf deren Romane die Fernsehserie »Rizzoli & Isles« basiert und die hier ihre Lieblingsthriller vorstellt, der norwegische Autor und Erfinder von Hauptkommissar Harry Hole, Jo Nesbø, der Krimis aus der Feder seiner Landsleute empfiehlt, sowie die Nobelpreisträger Muhammad Yunus (Frieden) und Paul Krugman (Wirtschaftswissenschaften), die ökonomisch relevante Literatur ans Herz legen.

9. Mental Floss

Das US-Online-Magazin, das 2001 von Studierenden der US-amerikanischen Duke University gegründet wurde, bietet unzählige interessante Artikel und Listen zur Wissensmehrung. Die Themen reichen von klassischen Wissensgebieten bis hin zu »unnützem« Wissen. Inhaltlich begleitet werden die Artikel von vielen kurzweiligen Videos. Zudem kann man sich im »Amazing Fact Generator« mit verblüffenden Fakten endlos zudröhnen.

10. Die YouTube-Kanäle von Simon Whistler

Der englische YouTuber Simon Whistler hat ein äußerst beeindruckendes Webvideo-Portfolio aufgebaut, zu dem über ein halbes Dutzend Kanäle mit über tausend informativen Videos zählen. Viele Millionen Menschen folgen dem charismatischen Briten. Zu den Kanälen zählen TopTenz, in dem Themenlisten mit jeweils zehn beachtenswerten Fakten und kuriosen Beispielen vorgestellt werden, Visual Politik, das aktuell relevante politische Sachverhalte aufbereitet, und »Today I found out«, in dessen Videos verblüffende Geschichten oder Zusammenhänge erzählt werden. Im Kanal Biographics stellt Whistler die Lebensgeschichten verschiedener Persönlichkeiten vor, etwa von Subutai, dem fähigsten General Dschingis Khans, oder von Bettie Page, Pin-up-Ikone und Sexsymbol der Fünfzigerjahre, und in Geographics faszinierende Orte und deren Geschichte, beispielsweise das monströse rumänische Parlamentshaus, das Bikini-Atoll und den Kosmodrom Baikonur. Weitere Kanäle sind Megaprojects, in dem u.a. der chinesische Drei-Schluchten-Staudamm, die Internationale Raumstation ISS oder der Teilchenbeschleuniger Large Hadron Collider präsentiert werden, und Business Blaze, auf dem spannende Geschichten aus der Welt der Wirtschaft, Marken und Produkte erzählt werden.

3

TV-Sendereihen und Podcasts

Fernsehen kann bilden! Man muss das televisuelle Medium nur richtig nutzen, denn bei allem Lamentieren über die gefühlt schwindende Qualität der Programme konnten wir uns noch nie an so vielen hervorragenden Sendungen erfreuen. Als Folge der Angebotsexplosion ist eben nicht nur die Zahl minderwertiger Produktionen enorm gewachsen. Auch die Zeit im Auto, beim Joggen oder auf dem Weg zur Arbeit kann weiterbildend genutzt werden: Eine Fülle an hochwertigen Podcasts bietet neben Hörbüchern und dem Radio viele Inhalte zur Weiterbildung.

1. »Zeitzeichen«

Jeden Tag werden Personen oder geschichtliche Ereignisse, die am Tag der Sendung ein Jubiläum haben, den Hörer*innen nähergebracht, und zwar innerhalb eines 15-minütigen Audiobeitrages. Mehr als 15 000 Ausgaben wurden seit 1972, dem Beginn der Serie, produziert, ein Dauerbrenner des öffentlich-rechtlichen Bildungsauftrages. Wer nicht genug bekommt von der täglichen WDR-Wissensinjektion, kann auf ähnliche, meist etwas kürzere Sendungen zurückgreifen, wie auf das »Kalenderblatt« im Deutschlandradio, »Das Kalenderblatt« auf

Bayern 2 oder auf »As time goes by« auf Radio Bremen. Alle bieten zudem ein weit zurückreichendes Archiv, das auf Webseiten oder bei Streamingdiensten stets angezapft werden kann. Trotz der zahlreichen Angebote und der langen Historie sind Überschneidungen und Wiederholungen glücklicherweise eher selten.

2. »Stuff you should know«

Seit dem Jahre 2008 stillen die Freunde Josh Clark and Charles W. Bryant in über 1400 Episoden ihren Wissensdurst und lassen wissbegierige Zuhörer*innen daran teilhaben. In jeder Episode nehmen sie sich ein Thema vor – von Interpol bis hin zu Süßgräsern – und teilen ihre Kenntnisse, die sie sich zuvor in einer akribischen Recherche angelesen haben. Zwei neugierige Laien, die jedes Thema spannend und intelligent aufbereiten. Dieser Podcast mit ungefähr drei Episoden pro Woche gehört zu Recht zu den beliebtesten und am meisten genutzten der Welt.

3. »1000 Meisterwerke«

In jeweils zehn Minuten wird ein bedeutendes Gemälde vorgestellt und von Kunsthistoriker*innen analysiert. Ursprünglich hieß die vom Westdeutschen Rundfunk produzierte Serie »100 Meisterwerke aus den großen Museen der Welt«. Sie wurde dann glücklicherweise nach der Vorstellung des ersten Kanons fortgeführt. Der Titel der Reihe war in der Folge doch etwas zu überambitioniert, denn 1994 entschied man sich nach 300 Folgen, die Serie einzustellen. Trotzdem ist sie noch heute eine wunderbare Grundlage zur kunsthistorischen Weiterbildung. Es bleibt die Hoffnung auf eine Fortführung.

4. »Schätze der Welt – Erbe der Menschheit«

In der vom Südwestdeutschen Rundfunk produzierten Dokumentarfilmreihe werden die Weltkultur- und Weltnaturerbe-Stätten der Liste des UNESCO-Welterbes in jeweils 15-minütigen Filmbeiträgen vorgestellt. 423 Beiträge gibt es bisher, zuletzt jedoch leider nur unregelmäßig und selten neue Beiträge, sodass die Sendereihe mit der stetig wachsenden Liste der Welterbestätten, derzeit 1121 Einträge, nicht mehr mithalten kann. Dennoch bieten die Beiträge, die größtenteils über die Sendermediatheken abrufbar sind, über hundert Stunden wertvolles Bildmaterial. Aber auch hier bleibt die Hoffnung, dass die Sendeanstalt ihre Kamerateams wieder auf Reisen schickt, um die noch nicht dokumentierten Orte zu ergänzen.

5. »Terra X«

Für viele Fernsehzuschauer*innen zählt die sonntägliche Dokumentationsreihe des ZDF bereits zum Pflichtprogramm – und das zu Recht. Um 19:30 Uhr führen im Wechsel charismatische Erklärer wie Dirk Steffens und Harald Lesch durch ein breites Spektrum an Themen, von der Geschichte der Menschheit über die faszinierenden Welten der Flora und Fauna und den endlosen Weiten des Kosmos bis hin zu den wichtigen Gesetzen der Naturwissenschaften. Eine Folge kostet nach Angaben des Senders um die 250 000 Euro. Eine gute Investition von Gebührengeldern, mit der das ZDF seinem Auftrag nachkommt. Und im Vergleich zu den Kosten, die für manche Filmproduktionen ausgegeben werden, ist das sogar noch günstig.

6. Fernseh-Vorabend auf 3sat: »Nano« und »Kulturzeit«

Die Gemeinschaftseinrichtung öffentlich-rechtlicher Sendeanstalten aus der Schweiz, Österreich und Deutschland zeichnet sich grundsätzlich durch ein kulturell anregendes TV-Programm aus. Die beiden täglichen Informationssendungen am Vorabend, das Wissenschaftsmagazin »Nano« und das Kulturmagazin »Kulturzeit«, sind für mich spätestens dann Pflichtprogramm, wenn sie in der Mediathek auftauchen. Seit 1999 berichtet »Nano« von montags bis freitags eine halbe Stunde lang über aktuelle Themen und Meldungen aus Wissenschaft und Technik. Das Fernsehfeuilleton »Kulturzeit« bietet vierzig Minuten lang einen Überblick über die verschiedenen Kulturbereiche. Darüber hinaus gibt es viele wertvolle Tipps zu laufenden Kunstausstellungen und neu erschienenen Büchern und neuen Filmen.

7. »Quarks«

In dem wöchentlichen Fernsehmagazin des Westdeutschen Rundfunks, das auf eine Idee des luxemburgischen Journalisten, Moderators und Physikers Ranga Yogeshwar zurückgeht, werden komplexe, wissenschaftliche Themen sachkundig und zugänglich vermittelt. Nach dem Weggang Yogeshwars führen der beliebte Fernsehmoderator Ralph Caspers und die charismatische Chemikerin Mai Thi Nguyen-Kim durch die Show, die übrigens nach den Elementarteilchen benannt wurde, aus denen sich Protonen und Neutronen zusammensetzen.

8. BBC »In Our Time«

Seit 1998 sendet die BBC die wöchentliche Radiosendung »In Our Time«, die zu den beliebtesten englischsprachigen Audioprogrammen zählt. In einer Live-Diskussion entlockt der versierte Autor und Moderator Melvyn Bragg renommierten Expert*innen zum jeweiligen Titelthema essenzielles Wissen. Das Ganze dauert eine Dreiviertelstunde. Die Stoffauswahl fokussiert sich vornehmlich auf historische, philosophische, wissenschaftliche und literarische Themen, die erstaunlich global aufgestellt sind, was sicherlich auch auf die Reichweite der BBC zurückzuführen ist. Bisher gibt es über 800 Episoden. So kann man etwa den chinesischen Ausnahme-Mediziner des 16. Jahrhunderts, Li Shizhen, kennenlernen oder Rumi, den wohl bedeutendsten persischsprachigen Dichter des Mittelalters. Oder man vertieft sein Wissen über die Eroberungen von Alexander dem Großen und über die Kunstwerke Frida Kahlos. Die wissenschaftlich hochkarätig besetzten Panels und die kluge Gesprächsführung des Moderators stellen die Qualität der Beiträge sicher. Zusätzlich veröffentlicht die BBC eine begleitende Liste von Literaturempfehlungen für alle, die noch tiefer einsteigen möchten.

9. »99 % Invisible«

Der Titel der von Roman Mars produzierten und moderierten US-amerikanischen Radioshow, die als Podcast verfügbar ist, ist einem Zitat entnommen, das auf den US-amerikanischen Architekten und Philosophen Richard Buckminster Fuller zurückgeht: »Ninety-nine percent of who you are is invisible and untouchable.« Ziel des Podcast ist, diese vermeintlichen 99 Prozent sichtbar zu machen. Im Fokus stehen Architektur, Stadtplanung und Design und die Frage, wie sie sich auf unseren Alltag auswirken. Die Beispiele kommen zwar meist aus den USA, haben aber auch Relevanz für uns. Die Episoden behandeln beispielsweise Themen wie den Siegeszug von Einkaufszentren oder die Entwicklung und Wirkung von Logos und Schrifttypen, oder sie zeigen auf, wie Stadtplanung die Kriminalitätsrate senken kann. Der Podcast wird seinem Anspruch gerecht, ich sehe nach dem Hören meine Umwelt anders, mein Blick hat sich geweitet, und mir fallen viele Dinge ins Auge, die mir zuvor gedanklich verschlossen geblieben waren.

10. »Stadt Land Kunst« (arte)

Die werktägliche Sendung auf dem deutsch-französischen Kultursender arte heißt im Französischen »invitation au voyage«, also Einladung zur Reise, ein treffender Titel, denn genau das erreicht das Format. Die Zuschauer*innen werden in jeweils drei Videobeiträgen in Städte, Regionen und Länder mitgenommen, die anhand ihrer kulturellen Besonderheiten und ihres Einflusses auf Leben und Werk großer Künstler*innen porträtiert werden. Eine im Fernsehen einzigartige informativ-ästhetische Mischung, die gekonnt Geografie mit allen kulturellen Formen von Film über Literatur bis hin zu bildender Kunst verbindet.

4

Quizsendungen

Quizshows gehören zu den absoluten Dauerbrennern der Fernsehunterhaltung. Wissen wird auf spannende Art und Weise vermittelt, gleichzeitig sind die Zuschauer*innen eingebunden, denn sie können ihr Wissen selbst testen. Hier nun meine zehn persönlichen Lieblingsformate. Unterhaltsame Shows wie »Wer weiß denn so was?« oder »Genial daneben – Das Quiz«, in denen hauptsächlich kuriose Fragen gestellt werden, aber auch Sendungen wie »Jeder gegen jeden« oder »Der Schwächste fliegt«, die leider schon wieder eingestellt wurden, sind nicht Teil der Auswahl.

1. »University Challenge«

»Bei der heutigen Ausgabe konnte ich ganze vier Fragen richtig beantworten.« Das ist ein Kommentar, der üblicherweise in den Sozialen Medien gepostet wird, sobald eine Folge von »University Challenge«, der britischen TV-Institution, beendet ist. Ein solcher Post ist aber kein enttäuschter Seufzer, im Gegenteil, er ist Ausdruck von Stolz und Freude. Es gilt nämlich als großartige Leistung, wenn man innerhalb der 30-minütigen Show mehr als eine Handvoll Fragen richtig beantworten kann.

   »University Challenge« ist die wohl anspruchsvollste

Quizshow, die regelmäßig ein Millionenpublikum erreicht. Die Sendung schreckt nicht davor zurück, Fragen zu den neuesten Erkenntnissen der Nuklearphysik, zu den philosophischen Klassikern von Aristoteles bis Adorno oder zu moderner afrikanischer Literatur zu stellen, also Fragen, die von unter Quotendruck stehenden Redaktionen abgelehnt werden, weil sie das Publikum überfordern. Bei »University Challenge« hat Überforderung jedoch System, das Publikum verlangt danach, denn es treten hier die geistigen Hoffnungsträger*innen des Landes gegeneinander an. Die britischen Universitäten und Colleges schicken jeweils ein vierköpfiges Team in den Wettkampf um Prestige und Ehre, mehr als eine schmucke Trophäe gibt es nicht zu gewinnen. Sie wird am Ende der Staffel überreicht – von großen Geistesgrößen wie von dem britischen Astrophysiker Stephen Hawking im Jahr 2017, der sich als langjähriger Fan der Sendung outete.

Das Spielkonzept ist relativ simpel: Das Duell beginnt mit dem »Starter for 10«, einer in der Regel etwas längeren, komplexen Buzzer-Frage, deren korrekte Beantwortung nicht nur zehn Punkte auf dem Punktekonto des Teams sicherstellt, sondern auch das alleinige Antwortrecht auf drei zusätzliche Bonusfragen für jeweils fünf Punkte, worauf wieder ein neuer »Starter for 10« folgt. Das Team mit den meisten Punkten zieht eine Runde weiter bis zum Finale, das traditionell von Colleges der Eliteuniversitäten von Oxford und Cambridge dominiert wird. Im Laufe der Saison entwickelt das Publikum Sympathien, aber auch Abneigungen gegenüber einzelnen Spieler*innen und Teams und fiebert mit seinen Favorit*innen mit, bisweilen werden sogar Wetten auf den Ausgang der Wissensschlachten abgeschlossen.

Mittlerweile gibt es aufgrund dieser Sendung an vielen britischen Universitäten Quizklubs mit festen Trainingszeiten, die sich als Keimzelle späterer Top-Mannschaften erweisen. Die Riege der ehemaligen Kandidat*innen umfasst einige namhafte und illustre Gestalten wie den Journalisten, Literaturkritiker und überzeugten Atheisten Christopher Hitchens, die ehemalige Staatspräsidentin Irlands und UN-Hochkommissarin für Menschenrechte Mary Robinson sowie den Schriftsteller und Komiker Stephen Fry. Keine andere TV-Sendung ist Quizzen als Sport bisher so nahegekommen wie »University Challenge«.

2. »Jeopardy!«

Der Klassiker aus den USA konnte in Deutschland leider nicht so recht Fuß fassen, weder als »Riskant!« unter der Spielleitung des Eiskunstlaufweltmeisters Hans-Jürgen Bäumler noch mit TV-Legende Frank Elstner oder dem scharfzüngigen Tanzjuror Joachim Llambi in der Moderatorenrolle. Vielleicht lag es an der eigentümlichen Vorgabe, Antworten in Form von Fragen zu geben, oder den kryptischen Kategorietiteln. Die eingängige Spielmelodie ertönte jedenfalls nur sehr unregelmäßig im deutschen Fernsehen.

Ganz anders in den USA, hier ist sie fester Bestandteil der Unterhaltungskultur. Seit 1984 stellte Alex Trebek fast 400 000 Fragen und kürte zahlreiche Champions, darunter Ken Jennings, der zu einem gefeierten Pop-Phänomen wurde, nachdem er 74 Ausgaben hintereinander im Jahr 2004 gewinnen konnte und über 2,5 Millionen US-Dollar einstrich. Mittlerweile belaufen sich seine Gesamtgewinne inklusive zahlreicher Siege in Spezial- und Jubiläumssendungen auf über 5 Millionen US-Dollar, darunter 300 000 US-Dollar, als er sich zusammen mit dem Großchampion Brad Rutter gegen den IBM-Computer »Watson« geschlagen geben musste.

»Jeopardy!« unterhält in den USA weiterhin viele Millionen Zuschauer*innen, und es bleibt zu hoffen, dass der an Krebs erkrankte Moderator Alex Trebek die Schallmauer von einer halben Million gestellten Fragen in einigen Jahren wieder gesund feiern kann. Bei dem rasanten Tempo des Formats, dessen Idee übrigens auf den »Glücksrad«-Erfinder Merv Griffin zurückgeht, ist im Land der unbegrenzten Möglichkeiten nichts ausgeschlossen.

3. »Mastermind«
Das auf der BBC ausgestrahlte traditionsreiche Fernsehquiz »Mastermind« gehört zu den Urgesteinen niveauvoller TV-Unterhaltung mit Wissensmehrwert und ist nicht zu verwechseln mit dem gleichnamigen Steckspiel. Die Kandidat*innen müssen auf dem gefürchteten schwarzen Stuhl im Zentrum des Studios Platz nehmen, bei gedimmtem Licht. Alle Augen sind auf sie gerichtet. Nervenkitzel pur.

Bill Wright, der Entwickler des Formats, war Pilot im Zweiten Weltkrieg. Sein Flugzeug wurde in Deutschland abgeschossen, anschließend wurde er hier von der Gestapo verhört. Ausgerechnet diese einschneidenden Kriegserlebnisse dienten als Grundlage für den populären TV-Dauerbrenner.

Es gibt zwei Befragungsrunden. In der ersten werden den Kanditat*innen Fragen zu einem selbst gewählten Thema gestellt. So wählte der aktuelle Champion, der Ire Dave McBryan, bei seinen drei Auftritten folgende Themen: Leben und Werk des Soulsängers Otis Redding, Fechtkämpfe bei den Olympischen Spielen und die New-Jersey-Filme von Regisseur und Schauspieler Kevin Smith. Dank exzellenter Vorbereitung konnte er fast alle Fragen korrekt beantworten, auch zu meiner außerordentlichen Freude, denn seit einigen Jahren spiele ich mit Dave im Doppel bei den Quiz-Europameisterschaften. Mit der zweiten Runde, bei der bunt gemischte Fragen aus allen Wissensbereichen gestellt werden, sicherte sich der professionelle Pubquiz-Autor dann auch souverän den Sieg. So ist auch die Ahnenreihe der Sieger gespickt mit englischsprachigen »Ausnahmewissern«. Wissen allein genügt jedoch nicht, denn wer dem Druck nicht standhält oder das falsche Thema in der ersten Runde wählt, muss den begehrten Titel abhaken. Ein Schicksal, das schon einige Weltklasse-Quizzer ereilte. »Mastermind« hat seine eigenen Regeln.

4. »Der Quizchampion«

Der »Quiz-Champion« gehört zu den zahlreichen Shows im deutschen Fernsehen, die von sich behaupten, »die härteste Quizshow« des Landes zu sein. Ob dies gerechtfertigt ist oder nicht, sei dahingestellt, zumindest stehen in der Siegesliste einige der besten Quizzer des Landes.

Die ersten drei Ausgaben wurden von meinen Quizfreunden Sebastian Jacoby, Manuel Hobiger und Thorsten Zirkel gewonnen, die sich damals noch jeweils über eine steuerfreie halbe Million Euro Gewinn erfreuen konnten. So zahlt sich eine außerordentliche Allgemeinbildung sprichwörtlich aus. Und auch in folgenden Ausgaben waren Mitglieder des Deutschen Quiz-Vereins wie Roland Knauff und Markus Solty, Topspieler der Szene wie Martin Ehrl und Holger Waldenberger und mein »Jäger«-Kollege Thomas Kinne siegreich.

Was wurde von ihnen verlangt? Fünf prominente Expert*innen auf ihren jeweiligen Gebieten zu schlagen. Zwar überzeugten einige der zu schlagenden Persönlichkeiten mehr durch ihren Willen zur Unterhaltung als durch ihre nachgesagte Expertise, dennoch erweisen sich Personen wie Marcel Reif im Bereich Sport oder Guido Knopp im Bereich Zeitgeschichte als effektive Gegner. Ein interessantes Konzept mit häufig guten Fragen, das guten Kandidat*innen die Möglichkeit gibt, zu glänzen und ihr Wissen zu versilbern.

5. »Saber y ganar«

»Saber y ganar« – also zu Deutsch »wissen und gewinnen« – heißt die beliebteste spanische Quizsendung, die seit über 23 Jahren täglich ausgestrahlt wird. Das bedeutet sage und schreibe 5000 Folgen, in denen drei Personen in rasanten Duellen mit einer Vielzahl einfacher und mittelschwerer Fragen konfrontiert werden. Die Sendung lebt von ihrem Tempo und der Anzahl der Fragen. Für viele Quizshows unüblich, arbeitet diese Show zudem viel mit Bildern. Eine angenehme Bereicherung, die es für Menschen, die der Sprache nicht mächtig sind, ermöglicht, dennoch folgen zu können – ein ideales Lernmedium in zweifacher Art: wegen der Wissensfragen und der Möglichkeit, Spanisch zu lernen oder seine Spanischkenntnisse zu verbessern.

6. »Tout le monde veut prendre sa place«

Auch die frankophilen Quizliebhaber*innen können sich täglich eine Show anschauen, die sogar noch älter ist als ihr spanisches Pendant: »Questions pour un champion« ist eine TV-Institution in unserem Nachbarland, die bald sogar auf 10 000 Ausgaben kommen könnte. Vor allem die vielen Musikeinspielungen, die die reiche Gesangstradition Frankreichs widerspiegeln, kommen beim Publikum gut an. Deutsche Zuschauer*innen müssen sich an die Buzzer-Schlachten und die Sprechgeschwindigkeit des Moderators sicher gewöhnen, immerhin können so mehr Fragen in den knapp vierzig Minuten Sendezeit gestellt werden.

Der französische Markt bietet nachmittags sogar noch eine Alternative, die sich mit zeitweise 30 Prozent Zuschaueranteil ebenso großer Beliebtheit erfreut: »Tout veut prendre sa place«. Auch hier geht es nach dem traditionellen Prinzip, den Champion vom Thron zu stoßen. Dabei verteidigte Marie-Christine – die Kandidat*innen treten stets nur unter ihrem Vornamen an – über 200 Mal ihren Platz und konnte über ein halbes Jahr vor dem französischen Publikum ihr TV-Geldkonto um fast 200 000 Euro erhöhen.

7. »Wer wird Millionär?«

»Wer wird Millionär?« hat Maßstäbe gesetzt und eine ganze Nation mit dem Quizfieber (neu-)infiziert. Ich erinnere mich noch genau daran: Bei einem Familienausflug im Herbst 1999 flehte ich meine Mutter an, unbedingt um 20:15 Uhr wieder zu Hause sein zu wollen, um die neue Sendung auf RTL zu sehen. Dass über zwanzig Jahre später noch immer Günther Jauch Kandidat*innen die Chance gibt, durch die korrekte Beantwortung von nur 15 Fragen Millionär zu werden, damit hätte wohl niemand gerechnet, noch nicht einmal die Spezies der ewig-optimistischen TV-Produzenten. WWM hat die Erwartungen der Zuschauer*innen an Quizshows nachhaltig geprägt. Hohe Gewinnsummen gehören in der Primetime als wichtiges Element dazu, am besten als Ziel am Ende einer Frageleiter. Es gab dann viele Nachahmer, die den Weg ins deutsche Fernsehen fanden, wie etwa »Das Quiz mit Jörg Pilawa«. Fragen brauchten nun selbstverständlich auch immer Antwortmöglichkeiten, am besten vier. Dass WWM sich bis heute hält, liegt am charismatischen Moderator mit ungeheurem Gespür für sein Publikum, aber auch an einer exzellenten Fragenredaktion, die mit viel Sprachwitz und originellen Ideen den Unterhaltungswert von Quizfragen offenbart und bis heute mit informativen und dennoch massentauglichen Fragen füllt.

Mittlerweile hat man jedoch leider den Eindruck, dass die Fragen nur noch schmückendes Beiwerk sind. Der Redeanteil hat sich vervielfacht, die Anzahl der Fragen pro Folge ging zurück. Persönliche Schicksale in zahlreichen Spezial-Ausgaben erwärmen zwar das Herz, doch das Spiel rückt in den Hintergrund. Ich aber vermisse die Zeiten, in denen »Wer wird Millionär?« noch Nervenkitzel versprach.

8. »Only Connect«

Großbritannien gilt gemeinhin als Mutterland des Quizzens. Auf den britischen Inseln findet sich die höchste Dichte an Pubquizzes, und auch auf der Mattscheibe sind Quizshows omnipräsent. Aber nicht nur quantitativ, sondern auch qualitativ ragen viele britische Fernsehprodukte heraus. So ist es nicht verwunderlich, dass eines der kreativsten Formate der jüngeren Zeit von dem europäischen Inselstaat kommt.

»Only Connect« ist eine anspruchsvolle Kombination aus Wissensquiz und Rätselspaß. Zwei dreiköpfige Teams müssen in verschiedenen Runden Sequenzen,

Zusammenhänge und Reihen erkennen und vervollständigen. Ein einfaches Beispiel: 1954 – Berlin, 1974 – München, 1990 – Rom, welches Jahr und welche Stadt sind gesucht? Natürlich 2014 und Rio de Janeiro – denn in den genannten Jahren und an den genannten Orten triumphierte die Deutsche Herrennationalmannschaft bei der FIFA-Fußballweltmeisterschaft. Dass es bisher noch zu keiner deutschen Adaption der Show gekommen ist, ist bedauerlich. Womöglich mag das Niveau des britischen Originals abschrecken, denn die dort gestellten Fragen sind um ein Vielfaches kniffliger, sodass das Publikum mit den oft hochkarätig besetzten Teams kaum mithalten kann und die persönlichen Erfolgsmomente auf der Couch dann oft ausbleiben. Die Briten verfügen vermutlich über eine weit höhere Frustrationsgrenze und wünschen sich erstklassigen Wettkampf, den »Only Connect« hervorragend erfüllt.

9. »The Chase« (»Gefragt – Gejagt«)

Als ich 2010 zum ersten Mal »The Chase« sah, war ich gefesselt. Es war ein Festmahl mit viel neuem Wissensfutter. Bei über hundert Fragen fieberte ich mit den Kandidat*innen, die gegen den »Chaser« kämpften, einen Wissensgladiatoren und Quiz-Superhelden. Eine Dramaturgie, die nicht zu skripten ist, ein spannender Krimi ohne Leiche, aber oft auch ohne Happy End, zumindest nicht für die Kandidat*innen.

Ich bin zugegeben hier nicht ganz unbefangen, schließlich besetze ich seit 2013 den Stuhl des »Chaser«

in der deutschen Version »Gefragt – Gejagt«. Als ich die Show bei meiner ersten Quiz-Europameisterschaft in England sah, konnte ich mir kaum erträumen, einmal diese Rolle übernehmen zu dürfen, obwohl auch im britischen Original die »Jäger« aus der Quizwettkampfszene rekrutiert wurden. Umso größer war die Freude, als die Nachricht, dass die Show in Deutschland adaptiert werden soll, mit einer Casting-Anfrage verbunden war.

Mittlerweile hat sich »The Chase« zum Exportschlager entwickelt und genießt auch in Australien, Kroatien, Serbien, Finnland, Israel und Spanien große Beliebtheit. Auf den internationalen Turnieren der letzten Jahre gab es immer wieder die Möglichkeit, sich mit vielen internationalen Kolleg*innen auszutauschen, »Jäger aller Länder, vereinigt euch«. Jede nationale Adaption hat ihre Eigenheiten: Studioaufbau, Schwierigkeitsgrad der Fragen sowie die Interaktionen zwischen Kandidaten und Moderator unterscheiden sich. Die neckische Fehde, die wir in Deutschland mit Alexander Bommes haben, ist meines Wissens international einzigartig, sie hat sich ja auch natürlich entwickelt. In den USA, China, Russland, Türkei und Norwegen konnte sich das Format nicht etablieren.

»The Chase« hat den Wissenswettkampf wieder ins Fernsehen zurückgebracht. Es bleibt zwar ein Spiel um Gewinn, jedoch ist der Sieg einer jeden Folge von ebenso großer Bedeutung. Für den »Jäger« ist dies selbstverständlich, denn er spielt um seine Reputation und möchte natürlich sein geballtes Wissen unter Beweis stellen. Aber auch die Kandidat*innen treten an, um am Ende zu den 15 bis 20 Prozent derjenigen zu gehören, die als Gewinner aus dem Studio gehen und sich dann Bezwinger des »Quizgotts« oder des »Besserwissers« nennen können. Gleichzeitig hat das Format es geschafft, Quizgroßmeister in der breiten Öffentlichkeit zu etablieren, die vom Publikum auch so wahrgenommen werden. Keine Selbstverständlichkeit, sondern eine Entwicklung und ein Umstand, für den ich persönlich natürlich äußerst dankbar bin.

10. »Q1 Ein Hinweis ist falsch«

Im österreichischen Fernsehen ist in den letzten Jahren ein regelrechter Quiz-Boom zu beobachten. Neben dem Dauerbrenner »Die Millionenshow« im ORF, der von dem ehemaligen Skirennläufer Armin Assinger moderierten, heimischen Version von »Wer wird Millionär?«, und dem Quiz-Aushängeschild »Quizmaster« des Privatsenders Servus TV sind nun zwei weitere unterhaltsame Shows hinzugekommen. Bei dem täglichen Vorabend-Quiz »Q1 Ein Hinweis ist falsch« im ORF müssen sich Kandidat*innen-Paare Begriffe anhand von vier Hinweisen gemeinsam erschließen. Der Twist: Einer der vier Hinweise ist ein »Roter Hering«. Ein Beispiel: Gesucht wird eine Polizeibehörde, a) ihre offizielle Bezeichnung lautet Metropolitan Police Service, b) im gleichnamigen Spiel wird Mister X gejagt, c) ihren Hauptsitz hat sie im J. Edgar Hoover Building, d) ihr Name leitet sich von der Straße ab, die auf der Rückseite ihres ersten

Hauptquartiers lag. Die gesuchte Antwort ist Scotland Yard, und c) ist der falsche Hinweis. Für die richtige Beantwortung der Fragen sind also sowohl Wissen als auch Kombinationsfähigkeiten vonnöten.

Auf ServusTV lief zudem kürzlich die erste Staffel der empfehlenswerten Produktion »Quizjagd«, in der Kandidat*innen auf einem lebensgroßen Spielbrett versuchen, als Erste fünfzig Punkte zu erreichen. Sie haben dafür die Auswahl zwischen Fragen, die unterschiedlich bewertet werden; je schwieriger die Frage ist, desto mehr Punkte sind erspielbar. Es ist zu hoffen, dass weitere Staffeln folgen werden.

5

Bücherreihen

Zu den Grundlagen einer erfolgreichen Wissensjagd gehört natürlich das Sammeln. Ein wichtiger Bestandteil meiner Privatbibliothek sind zahlreiche Ausgaben verschiedener Sachbuchreihen. Der Mehrwert ist offensichtlich: Ähnlich wie bei Franchise-Systemen weiß man im Vorfeld, was einen erwarten kann. In einem einheitlichen Format werden Themen in verlässlicher Qualität aus ganz unterschiedlichen Spektren behandelt. Dieses Vertrauensverhältnis zwischen den Leser*innen und der Reihe ist lese- und kauffördernd, eine Win-win-Situation.

1. »CH Beck Wissen«

Jedes Jahr erscheint jeweils im Frühjahr und im Herbst mehr als ein Dutzend neuer Bände der beliebten Reihe, die mittlerweile über 500 Titel umfasst. Zum jeweiligen Thema gibt es eine meist 128 Seiten lange Einführung, die von einer anerkannten Expertin oder einem anerkannten Experten geschrieben ist. Zu den erfolgreichsten Titeln zählen die Bücher zur Römischen Geschichte und der Geschichte der USA. Einzig hilfreiche Bebilderungen sind aus Kostengründen recht rar, insofern empfiehlt sich die begleitende Google-Suche nach Illustrationen. Seit 2005 gibt es zudem die verwandte Reihe »Die 101 wichtigsten Fragen«, in der die jeweiligen Themen in 101 Fragen und Antworten heruntergebrochen werden.

2. »Very Short Introductions«

Eine solche Einstiegsreihe gibt es natürlich auch auf Englisch. Empfehlenswert und führend ist hierbei die Serie »Very Short Introductions« der Oxford University Press. Seit 1995 sind weit mehr als 600 Bände erschienen, und es ist keine Erschöpfung der Themen in Sicht. Ganz so kurz sind die Werke dann auch nicht immer, zumindest kommt die englischsprachige Reihe meist auf 160 Seiten. Auch hier lohnt es sich, einen Sammelehrgeiz zu entwickeln, zumal die bunten Buchrücken im Regal etwas hermachen.

3. »1001. ..., die Sie ... sollten«

1001 – Bücher, Alben, Filme, die man gelesen, gehört und gesehen haben sollte, bevor das Leben vorbei ist. Oder 1001 Biere, Weine und Whiskeys, die man probiert haben sollte, bevor das Leben vorbei ist. Ähnlich wie die alkoholischen Genussmittel sollten auch die Werke dieser voluminösen Buchreihe besser in verantwortungsvollen Dosen genossen werden. Trotz reicher Bebilderung ist das Wissen so komprimiert verpackt, dass man die kurzen Texte zu den Auswahlobjekten lieber häppchenweise genießt.

Die Bücher sind nicht als Ranking konzipiert, sondern chronologisch oder geografisch geordnet. Damit nimmt der Verlag die Werke zwar aus der üblichen Schusslinie, in der sich Rankings zwangsläufig finden, und erspart den Autor*innen schwierige Entscheidungen. Bei einer so großzügigen und umfangreichen Auswahl fehlen dennoch leider einige Titel, die der Aufnahme würdig gewesen wären. Außerdem ist deutlich ein westlicher Bias erkennbar, der auch auf die recht homogenen, anglophonen Autorenteams zurückzuführen ist. Trotzdem bieten die Zusammenstellungen eine wahre Schatztruhe für geistige Entdeckungsfahrten.

4. »Rowohlt Monografien«

Also ich erfuhr, dass der Rowohlt Verlag im Juni 2015 tatsächlich die letzte Ausgabe seiner Biografienreihe veröffentlichte, war das schon ein kleiner Schock. Mich haben die zahlreichen Lebensbeschreibungen großer Autor*innen, Musiker*innen, Naturwissenschaftler*innen und historischer Gestalten seit der Oberschule begleitet. Die Bücher bieten einen Einblick in das Leben bedeutender Persönlichkeiten und sind außerdem ein hilfreicher Einstieg in ihr Werk. Dass die Reihe eingestellt wurde, hatte offensichtlich damit zu tun, dass solche Bücher nicht mehr gekauft wurden, da sich die Informationen auch kostenlos aus dem Internet ziehen lassen. Die stark bebilderten Bände sind dennoch bis heute empfehlenswerte Bildungsbegleiter, die ich gerne nutze. Im Handel gibt es nur noch Restexemplare. Jede gute

Bibliothek wird allerdings viele der über 600 Ausgaben zur Ausleihe bereitstellen.

5. »Was ist was«

Die Kindersachbuchreihe »Was ist was« kann auch Erwachsenen als Wissensfundgrube dienen, obwohl die eigentliche Zielgruppe acht- bis zwölfjährige Kinder sind. Aus den über 140 Bänden lässt sich viel Wissensgewinn ziehen. Auf 48 Seiten wird das Wichtigste eines jeweiligen Themas wie »Steinzeit«, »Elektrizität« oder »Regenwald« zusammengefasst. Das große Verdienst der Serie liegt in der anschaulichen und leicht verständlichen Darstellung, von der die ganze Familie profitieren kann.

6. »111 Gründe«

Könnten Sie 111 Gründe aufzählen, warum man Ihrem Lieblingsverein, Ihrer Heimatstadt oder Ihrem Hobby nicht nur Zeit widmen sollte, sondern den Verein, die Stadt oder das Hobby sogar lieben sollte? Dieser Herausforderung hat sich eine große Anzahl von Expert*innen gestellt, und sie präsentiert in unterhaltsam geschriebenen Büchern der Reihe nicht nur viele spannende Fakten und Geschichten, sondern tatsächlich veritable Gründe, warum man dem jeweiligen Gegenstand der Darstellung Interesse und Sympathie entgegenbringen sollte. Die Auswahl der Themen ist beeindruckend breit, der Katalog umfasst Sportarten und -vereine,

Städte und Länder, Musikstile, Freizeitaktivitäten und vieles mehr. Neben den Hommagen existieren mittlerweile allerdings auch schon polemische Schmähschriften wie »111 Gründe, Berlin zu hassen«, aus denen man sicherlich auch viel lernen kann.

7. »… in 30 Sekunden«

Der Titel der Reihe mag etwas vollmundig klingen, weder als Speedreader noch als Schnelldenker wird man sich innerhalb einer halben Minute die wichtigsten Daten und Erkenntnisse zu Themengebieten wie »Das alte Ägypten«, »William Shakespeare« und »Künstliche Intelligenz & Robotik« aneignen können. Viel länger wird man aber tatsächlich nicht brauchen, um zumindest die einzelnen Informationshäppchen aufzunehmen, in die die komplexen Sujets heruntergebrochen sind. Insbesondere für den ersten groben Überblick eignen sich die bündigen Bände mit ihrer klaren Struktur, ihren knappen Texteinheiten und den begleitenden Illustrationen sehr gut. Natürlich kratzen die Darstellungen allein schon durch die Umfangsbegrenzung an der Oberfläche, ein Kompromiss, der die Themen gleichzeitig jedoch einem breiten Publikum mit geringen Hürden zugänglich macht.

8. Bruckmann »Highlights ... 50 Ziele, die Sie gesehen haben müssen!«

Die Kombination aus Reiseführer und Bildband eignet sich nicht nur zur Urlaubsvorbereitung, die bilderreiche Auflistung der Reisehighlights der jeweiligen Länder, Regionen und Städte ist zudem ein wunderbares Nachschlagewerk, aus dem man einen großen Informationsgewinn ziehen kann. Dass in der Regel fünfzig oder bei einigen Destinationen sogar hundert Höhepunkte benannt werden, sichert das Potenzial als Wissensquelle. Und sollte eine der angepriesenen Sehenswürdigkeiten nicht eine Reise wert sein, so kann man ihr zumindest auf diesem Pfad begegnen.

9. »Matrixwissen«

»Denn Wissen ist Zukunft« – so lautet der knackige Untertitel der Reihe gebundener Bücher, mit denen man sich vor allem gut in die Vergangenheit stürzen kann. Die Themenauswahl hat einen dezidiert bildungsbürgerlichen Anstrich, es dominieren insbesondere geschichtliche Ausgaben, sie werden flankiert von Überblickswerken zu anderen Bereichen des klassischen Bildungskanons wie Literaturgeschichte, Mythologie und Naturwissenschaften, die oft breitenwirksam in kurzen Biografien erklärt werden. Die komprimierten Darstellungen sind zugänglich, aber dennoch enorm faktendicht, sodass man nach der Lektüre über ein gutes Wissensfundament verfügt.

10. »Reclam 100 Seiten«

Wenn der kleine Wissenshunger kommt, dann ist die junge Reihe des Traditionsverlags ein optimaler Anlaufpunkt für einen informativen Lektüreabend. Die Themen reichen von Klassikern wie »Antike« und »Reformation« bis hin zu popkulturellen Phänomenen wie »Trash-TV« und »Game of Thrones«. Auf hundert Seiten werden sie in persönlichem Ton kurzweilig präsentiert, und dennoch kommen wichtige Fakten nicht zu kurz. Dank einer für den Verlag ungewohnt modernen Gestaltung sind die kleinen Bändchen auch optisch attraktiv, das Auge liest bekanntlich mit. Besonders bei der Themenauswahl sticht die neue Serie hervor: Abhandlungen zu »Fußball-Games«, »Ikea« oder »Schlager« stellen eine Rarität dar und sind eine gern gesehene Erweiterung des Spektrums.

DIE ANTWORTEN AUF DIE QUIZFRAGEN

Zu Kapitel:
Allgemeinwissen im Zeitalter
von Google

1. Florian Silbereisen. Seit 2004 moderiert der Bayer die Eurovisionssendung »Feste der Volksmusik«, spielt seit 2019 den Kapitän Max Parger in der ZDF-Fernsehreihe »Das Traumschiff« und ist Teil der dreiköpfigen, internationalen Schlagerband Klubbb3.

2. Friedrich Schiller. Die Ode »An die Freude« vertonte vor Beethoven bereits sein Kollege Franz Schubert 1815. Schubert war einer von Beethovens Sargträgern bei der Beerdigung 1827.

3. Seal. Der britische Sänger nigerianischer und brasilianischer Abstammung leidet unter der Schmetterlingskrankheit, die zu den Narben in seinem Gesicht führte.

4. Baden-Württemberg. Das südwestliche Bundesland entstand 1952 durch den Zusammenschluss der Länder Württemberg-Baden, Baden und Württemberg-Hohenzollern. Kiesinger war der einzige Bundeskanzler ohne Bundestagsmandat und daher bei Sitzungen auch nicht stimmberechtigt.

5. Eintracht Frankfurt. Eintracht Frankfurts größter Triumph war der Gewinn des UEFA-Pokals 1979/80 im innerdeutschen Finale gegen Borussia Mönchengladbach. Beide Teams mussten sich

im Halbfinale ebenfalls gegen einen deutschen Rivalen durchsetzen.

6. »Der Himmel über Berlin«. Wim Wenders drehte 1993 unter dem Titel »In weiter Ferne, so nah!« mit Otto Sander, Bruno Ganz und Solveig Dommartin in den Hauptrollen eine Fortsetzung. Der Hollywoodfilm »Stadt der Engel« griff 1998 das Thema des Films mit Meg Ryan und Nicolas Cage in den Hauptrollen wieder auf.

7. Alexander der Große. Nach dem frühen und unerwarteten Tod von Alexander dem Großen (323 v. Chr.) wurde das gewaltige Reich unter seinen Heerführern aufgeteilt. Zu den sogenannten Diadochen zählten neben Ptolemaios auch Seleukos (Babylonien) und Lysimachos (Thrakien).

8. Kichererbse. Die Kichererbse (*Cicer arietinum*) wird auch Römische Kicher oder Venuskicher genannt. Mit 66,2 Prozent der Welternte war Indien im Jahre 2018 der Hauptproduzent.

9. Hebamme. Seit 1985 dürfen auch Männer den Hebammenberuf in Deutschland und Österreich ausüben. Von den rund 25 000 in Deutschland tätigen Hebammen sind jedoch nur vier männlich.

10. Aristoteles. Der griechische Universalgelehrte prägte nicht nur die Philosophie entscheidend, er untersuchte auch den Kieferapparat des Seeigels, der daher den Namen »Laterne des Aristoteles« trägt.

11. »Spiel des Jahres«. Der Kritikerpreis »Spiel des Jahres« gilt als weltweit bedeutendste Auszeich-

nung für nicht-elektronische Spiele. Der »Oscar für Brettspiele« ging bisher fünf Mal und damit am häufigsten an Wolfgang Kramer. »Hase und Igel« hat der Brite David Parlett entwickelt.

12. Glasgow. Knapp zehn Jahre lief der deutsche Torwart Stefan Klos bei den Rangers auf. Glasgow ist die größte Stadt Schottlands und nach London und Birmingham die zweitbevölkerungsreichste Stadt Großbritanniens.

13. Baseball. Jordan schaffte es allerdings nicht in die Major League Baseball, die höchste nordamerikanische Spielklasse, sondern spielte nur für die Birmingham Barons, ein Minor-League Baseball-Team. Neben der legendären Trikotnummer 23 trug er zudem auch kurzzeitig im Basketball die 45 auf dem Rücken.

14. Frank Elstner. Auf Netflix moderierte er zuletzt die Talkshow »Wetten, das war's ..?« mit prominenten Gästen wie Helene Fischer, Lena Meyer-Landrut und Daniel Brühl.

15. Limahl. Christopher Hamill war auch der Sänger der britischen Popgruppe Kajagoogoo, die mit »Too Shy« 1983 die Spitze der deutschen Single-Charts erklimmen konnte.

16. Mongolei. Yokozuna ist der höchste Rang im Sumo-Ringen. Von diesem kann man nicht degradiert werden, bei schlechten Leistungen wird jedoch der Rücktritt erwartet. Von den 72 Yokozunas waren 66 Japaner, vier Mongolen und zwei US-Amerikaner.

17. Belgien und Luxembourg.

18. *Stern*. Zu den ehemaligen Chefredakteuren zählten der Entwickler und ehemalige Moderator des RTL-Nachtjournals Heiner Bremer und der Journalist Peter Scholl-Latour, der 1983 den Posten nach der Affäre um die Veröffentlichung der von Konrad Kujau gefälschten Hitler-Tagebücher übernahm.

19. »Othello«. Der italienische Komponist Giuseppe Verdi komponierte die gleichnamige, darauf basierende Oper in vier Akten. Orson Welles verfilmte das Werk und erhielt dafür 1952 die »Goldene Palme« bei den Internationalen Filmfestspielen in Cannes.

20. Temperatur und Stromstärke. In Kelvin wird die Temperatur gemessen, benannt nach William Thomson, dem späteren Lord Kelvin, der im Alter von nur 24 Jahren die thermodynamische Temperaturskala einführte. Die SI-Basiseinheit der elektrischen Stromstärke ist Ampere, benannt nach dem französischen Mathematiker und Physiker André-Marie Ampère.

21. Wanderfalke. Bis auf Antarktika sind Wanderfalken auf allen Kontinenten beheimatet. 1971 wurde er zum ersten »Vogel des Jahres« gekürt.

22. Methusalem. Der Name bedeutet übersetzt »Speerwerfer«. Der aus den »Asterix«-Comics bekannte Methusalix soll laut den Angaben im zwölften Band jugendliche 93 Jahre alt sein. Die nachweislich älteste Person aller Zeiten ist die Französin Jeanne Calment, die 122 Jahre und 164 Tage alt wur-

de. Sie lebte vom 21. Februar 1875 bis zum 4. August 1997.

23. Pinakothek. Zu den herausragenden Werken der Alten Pinakothek zählen u. a. Albrecht Altdorfers *Schlacht bei Issus*, Peter Paul Rubens' *Das Große Jüngste Gericht* sowie sein Selbstbildnis *Rubens und Isabella Brant in der Geißblattlaube* und Bartolomé Esteban Murillos *Trauben- und Melonenesser*. Die Neue Pinakothek glänzt mit Carl Spitzwegs *Der arme Poet* und die Pinakothek der Moderne mit dem *Hausengel* von Max Ernst.

24. Vincent van Gogh. Den höchsten Preis für ein Gemälde des Niederländers erzielte das Auktionshaus Christie's in New York 1990. Den damaligen Rekordpreis von 82,5 Millionen US-Dollar zahlte der japanische Unternehmer und Kunstsammler Ryōei Saitō für das *Porträt des Dr. Gachet*, das van Gogh kurz vor seinem Suizid malte.

25. Köln. Mit zuletzt 1 087 863 Einwohnern (Stand: 31. 12. 2019) hat die rheinische Metropole nun die Millionenmarke klar hinter sich gelassen. Der bevölkerungsreichste der 86 Stadtteile ist Mülheim, der größte Eil.

26. Mainz. Mit einer Fläche von nur 97,74 km^2 ist die rheinland-pfälzische Landeshauptstadt klar die kleinste. Berlin zum Vergleich erstreckt sich über eine Fläche von 891,68 km2. Die bevölkerungsärmste Landeshauptstadt hingegen ist Schwerin mit 95 653 Einwohnern, die damit als Einzige auch den Großstadtstatus nicht erreicht.

Zu Kapitel:
Lernen will gelernt sein – Wie Wissensaufbau gelingt und Spaß macht

27. Andorra. Die beiden Staatsoberhäupter des in den östlichen Pyrenäen gelegenen Fürstentums sind der französische Staatspräsident und der römisch-katholische Bischof des Bistums Urgell in Katalonien.

28. Bob. In Deutschland befinden sich vier Bobbahnen: im nordrhein-westfälischen Winterberg, am bayerischen Königssee (erste Kunsteisbahn und angeblich schwierigste der Welt), im sächsischen Altenberg sowie im thüringischen Oberhof (sie wird kaum mehr für Wettkämpfe genutzt).

29. Aktiengesellschaften. Die Aktien der Spielvereinigung Unterhaching Fußball GmbH & Co. KgaA werden an der Börse München gehandelt, und die Borussia Dortmund GmbH & Co. KgaA ist Teil des SDAX.

30. Bayer. Das wohl bekannteste Medikament der Bayer AG ist Aspirin, mit dem das Unternehmen einen Jahresumsatz von über 100 Millionen Euro erzielt. Bayer entwickelte 1932 zudem das weltweit erste Chemotherapeutikum.

31. ProSiebenSat.1 Media AG. Größter Einzelaktionär ist das italienische Medienunternehmen Mediaset, das über 20 Prozent der Stammaktien hält. Gründer und Hauptaktionär durch seine Familienholding Fininvest ist Silvio Berlusconi.

32. Heiner Brand. Sein Sohn Martin entwickelte zusammen mit seiner Partnerin Inka zahlreiche preisgekrönte Spiele wie beispielsweise »Exit – Das Spiel« (»Kennerspiel des Jahres«) oder »Der verzauberte Turm« (»Kinderspiel des Jahres«).

33. Hawaii. Der offizielle Beiname des 1959 zum 50. Bundesstaat der Vereinigten Staaten ernannten Inselstaates ist Aloha State. Der auf Hawaii gelegene Mauna Kea gilt mit 10 203 Metern als höchster Berg der Erde, wenn man bei der Messung auch die Fläche unterhalb der Meeresoberfläche miteinbezieht.

34. Chicago. Das 1885 in der größten Stadt Illinois erbaute Home Insurance Building gilt aufgrund seiner Bauweise und seiner Höhe von 42 Metern und zehn Etagen als erstes Hochhaus der Welt. 14 Jahre zuvor vernichtete der Große Brand von Chicago große Teile der Stadt.

35. Afrika. Das Gebirge erstreckt sich über eine Länge von 2300 Kilometern über die Staaten Tunesien, Algerien und Marokko. Der höchste Gipfel ist der 4167 Meter in den Himmel ragende Jbel Toubkal in Marokko. Zum Atlas gehört auch die Gebirgskette Anti-Atlas.

36. Pepsi. Pepsin ist ein im Magen gebildetes Verdauungsenzym, das für den Abbau von Proteinen zuständig ist. Der Name leitet sich vom altgriechischen Wort *pepsis* ab, was übersetzt »Verdauung« bedeutet. Pepsinwein soll die Verdauung fördern.

37. Null/o. Der älteste Beleg für ein schriftliches

Symbol der Zahl Null findet sich im indischen Bakhshali-Manuskript aus dem 3. oder 4. Jahrhundert v. Chr.

38. Literaturnobelpreis. Von den 116 Preisträger*innen waren nur 15 weiblich, genauso viele publizierten auf Deutsch. 2016 ging der Preis an den Musiker Bob Dylan, 1953 an den britischen Staatsmann Winston Churchill. Für Werke in folgenden Sprachen wurde bisher nur eine Person ausgezeichnet: Provenzalisch, Bengalisch, Finnisch, Isländisch, Serbokroatisch, Hebräisch, Tschechisch, Arabisch, Portugiesisch, Ungarisch und Türkisch.

39. The Rock. Die Auszeichnung »Sexiest Man Alive« des *People Magazine* konnten sich bisher Brad Pitt, George Clooney, Johnny Depp und Richard Gere zwei Mal sichern. Mit Ausnahme von John F. Kenndy Jr. wurden bisher ausschließlich Schauspieler und Musiker gekürt.

40. IKEA-Effekt. Der Sitz des Unternehmens befindet sich im niederländischen Delft. Der Name des Unternehmens ist ein Akronym und setzt sich aus den Anfangsbuchstaben des Gründers Ingvar Kamprad, des elterlichen Bauernhofs Elmtaryd und des Dorfes Agunnaryd zusammen, in dem der Hof lag.

41. L. Die Denver Broncos gewannen das Spiel gegen die Carolina Panthers mit 24:10. Der Quarterback der Broncos, Peyton Manning, wurde der erste Starting-Quarterback, der für zwei verschiedene Teams den Super Bowl gewann, nachdem er be-

reits neun Jahre zuvor für die Indianapolis Colts die Vince-Lombardi-Trophy in die Höhe recken konnte. In der Halbzeitshow traten Coldplay, Beyoncé und Bruno Mars auf, Lady Gaga sang die Nationalhymne der Vereinigten Staaten.

42. Gehirn. Der Name leitet sich vom lateinischen Wort *cerebellum* ab, der Verkleinerungsform von *cerebrum*, dem Wort für Hirn. Auch die Bregenwurst, eine Spezialität aus Niedersachsen und Sachsen-Anhalt, beinhaltete ursprünglich Schweinehirn. Mittlerweile ist dies jedoch verboten.

43. Brooklyn. Nach Manhattan ist Brooklyn der am dichtesten besiedelte Verwaltungsbezirk der Vereinigten Staaten. Der Name geht zurück auf die niederländische Gemeinde Breukelen bei Utrecht.

44. Miguel de Cervantes. Nach dem Autor des Klassikers »Don Quijote von der Mancha« ist der wichtigste Literaturpreis der spanischsprachigen Welt benannt, mit dem u. a. die Literaturgrößen Octavio Paz, Jorge Luis Borges und Mario Vargas Llosa ausgezeichnet worden sind. Auf den spanischen 10-, 20- und 50-Cent-Münzen ist der Dichter abgebildet.

45. Eigentore. Den Rekord teilt er sich mit dem mehrfach ausgezeichneten mazedonischen »Fußballspieler des Jahres« Nikolče Noveski, dem das Kunststück gelang, innerhalb von 132 Sekunden zwei Eigentore zu erzielen. Nur den Spielern Dieter Bast, Dieter Pulter, Gerd Zimmermann, Per Røntved und Karim Haggui gelangen ebenso zwei

Eigentore in der Fußball-Bundesliga innerhalb eines Spiels.

46. »Six Feet Under«. Entwickelt wurde die Serie von Alan Ball, der für sein Drehbuch des Films »American Beauty« mit Kevin Spacey und Annette Bening mit einem Oscar ausgezeichnet worden ist.

47. Die PARTEI. Der Name ist ein Apronym und steht in Gänze für »Partei für Arbeit, Rechtsstaat, Tierschutz, Elitenförderung und basisdemokratische Initiative«. Vorsitzender ist der ehemalige Chefredakteur des Satire-Magazins *Titanic* Martin Sonneborn, der zusammen mit dem Komiker Nico Semsrott im EU-Parlament sitzt.

48. Black Eyed Peas. Bis 2017 war die Sängerin Fergie Teil der Band. Die Black Eyed Peas gewannen sechs Grammys, u. a. für die Songs »Boom Boom Pow«, »Don't Phunk With My Heart«, »I Gotta Feeling« und »My Humps«.

49. Jack Wolfskin. Der deutsche Hersteller von Funktionsbekleidung mit Sitz in Idstein im Taunus gehört mittlerweile zum US-amerikanischen Golf-Ausrüster Callaway Golf Company.

50. Ed Sheeran. Drei seiner vier Alben betitelte der britische Sänger mit Grundrechenarten. Nach + (2011), × (2014) und ÷ (2017) erschien jedoch kein Minuszeichen auf dem Cover.

51. Amplitudenmodulation. Zu den analogen Modulationsverfahren zählen u. a. noch die Phasenmodulation (PM) und die Vektormodulation (VM). In

der Musik tritt Amplitudenmodulation auch als Tremolo auf.

52. John Wayne. Der häufige Hauptdarsteller in Westernfilmen wurde 1907 als Marion Robert Morrison in Iowa geboren. 1969 gewann er für seine Darstellung in »Der Marshal« den Oscar als bester Hauptdarsteller.

53. Caesar Salad. Der heute sehr beliebte Salat war eigentlich eine Notlösung. Am 4. Juli 1924, dem amerikanischen Nationalfeiertag, wurde das Lokal von Cesare Cardini überrannt. Um der Menge Herr zu werden, beschloss dieser kurzerhand, einfach auf Basis der vorhandenen Zutaten einen neuen Salat anzubieten, den Caesar Salad. So zumindest die Erzählung seiner Tochter.

54. Supraleiter. Die Supraleitung wurde bereits 1911 von dem niederländischen und späteren Physik-Nobelpreisträger Heike Kamerlingh Onnes entdeckt. Supraleiter werden bei der Erzeugung starker Magnetfelder für Teilchenbeschleuniger und Kernfusionsreaktoren genutzt.

55. Europäischer Rat. Der Europarat ist institutionell nicht mit der Europäischen Union verbunden. Sein Sitz befindet sich im französischen Straßburg. Einziger deutscher Generalsekretär war der SPD-Politiker Georg Kahn-Ackermann.

56. Nina Simone. Ihr Song »My Baby Just Cares for Me« wurde 1987 dank eines Chanel-Werbespots, dreißig Jahre nach der ersten Aufnahme, weltbekannt. Die exzentrische Sängerin wurde 1933 als

Eunice Kathleen Waymon in North Carolina geboren.

57. Klavier. Der Schauspieler Dooley Wilson war eigentlich Sänger und Schlagzeuger, für den Film »Casablanca« nahm er extra Klavierunterricht. Dennoch wurde später der Pianoteil reingeschnitten.

58. Liberia. Vorgängerin von Weah war die Friedens-Nobelpreisträgerin Ellen Johnson Sirleaf, die 2006 als erste Frau in das Amt eines Staatsoberhauptes in Afrika gewählt worden ist. Ihr Großvater mütterlicherseits stammte übrigens aus Deutschland. Die Hauptstadt des westafrikanischen Staates Monrovia wurde nach dem US-amerikanischen Präsidenten James Monroe benannt.

59. *Forbes*. Benannt ist das Wirtschaftsmagazin nach dem Verleger Steve Forbes. Neben der Liste der reichsten Menschen werden regelmäßig zahlreiche weitere Rankings veröffentlicht, etwa das der »100 mächtigsten Personen«, der »100 mächtigsten Frauen« der Welt oder das der »2000 größten Unternehmen« der Welt.

60. Südsudan. Salva Kiir Mayardit, der erste und bisher einzige Präsident des Landes, trägt als Markenzeichen stets einen schwarzen Stetson, einen Cowboyhut, den er bei einem Besuch in Washington vom damaligen US-Präsidenten George W. Bush als Geschenk erhielt.

61. Ubangi. Der Kongo ist mit einer Länge von 4374 km der zweitlängste Fluss Afrikas, jedoch noch vor dem Nil der wasserreichste Fluss des Kontinents.

62. Richard Strauss. Zu den wichtigsten Werken des produktiven Komponisten zählen die sinfonischen Dichtungen »Also sprach Zarathustra« und »Eine Alpensinfonie« sowie die Opern »Elektra«, »Salome«, »Der Rosenkavalier« und »Ariadne auf Naxos«.

63. ASICS. Die Ursprünge des Unternehmens Nike, das ursprünglich Blue Ribbon Sports hieß, lagen im Verkauf von Schuhen von ASICS (damals noch Onitsuka Tigers) in den USA. Das Markenzeichen des in Kōbe ansässigen Unternehmens sind die sogenannten Tigerstripes.

64. Schwarze Löcher. Die Masse in schwarzen Löchern ist so stark konzentriert, dass aufgrund der Gravitation sogar Licht diese nicht verlassen oder durch sie durchdringen kann. Als Ereignishorizont wird die äußere Grenze eines schwarzen Loches bezeichnet.

65. Ice Bucket Challenge. In Indien wurde wenig später die Rice Bucket Challenge ins Leben gerufen, bei der man einer armen Person oder Familie einen Eimer Reis spenden sollte.

66. Big Mac. Erfunden wurde die Burger-Variante von Jim Delligatti, einem der Betreiber eines McDonald's-Restaurants, als Antwort auf den Whopper von Burger King. Ein Big Mac hat in Deutschland stolze 495 kcal. In einigen Ländern kann man sogar einen Double Big Mac bestellen, der aus vier anstatt zwei Fleischstücken sowie einer zusätzlichen Käsescheibe besteht.

67. Victoria. Die meisten Hauptstädte der australischen Territorien oder Bundesstaaten sind nach Personen benannt worden: Darwin (Northern Territory), Adelaide (Queensland), Hobart (Tasmanien) und Sydney (New South Wales).

68. Rich and Democratic. Ein großer Teil der Studienteilnehmenden kommt sogar aus einem noch kleineren Kreis: Studierende der Psychologie.

69. Fisch. Bei der Nordseeschnäpel, dem »Fisch des Jahres 1999«, sind sich Ichthyologen, also Fischexpert*innen, bis heute nicht einig, ob diese ausgestorben sei oder nicht.

70. Anne Hathaway. Für die Rolle in der Musicalverfilmung »Les Misérables«, die auf dem Roman »Die Elenden« von Victor Hugo basierte, musste die ohnehin schlanke Schauspielerin zusätzlich noch einmal 11 Kilogramm abnehmen.

71. Michael Jordan. Im Juli 2021 soll die Fortsetzung »Space Jam 2« in die Kinos kommen. Die Hauptrolle übernimmt der Basketball-Superstar LeBron James, der auch Produzent des Films ist. Weitere auftretende Basketballer sind Klay Thompson und Anthony Davis.

Zu Kapitel:
Wissenshacks im Alltag

72. Schwalbe. Der englische Terminus für die Vortäuschung eines Fouls ist *diving*. Im Basketball bedeutet die äquivalente Bezeichnung einen Flop.

73. Georges Danton. »Dantons Tod« schrieb Büchner im Jahre 1835, die Uraufführung fand jedoch erst 1902 in Berlin statt. »Lenz«, »Leonce und Lena« sowie das Dramenfragment »Woyzeck« gehören zu den bedeutenden Werken des jung verstorbenen literarischen Talents.

74. Johann Wolfgang von Goethe. Beim Erfurter Fürstenkongress 1808 traf Goethe in einer Privataudienz auf den französischen Kaiser, der sich mit ihm angeregt über sein Werk »Die Leiden des jungen Werthers« unterhalten haben soll.

75. Til Schweiger. Der Schauspieler gilt mit den Filmen »Keinohrhasen«, »Kokowääh« und »Honig im Kopf« als einer der kommerziell erfolgreichsten Filmschaffenden Deutschlands. Bei allen drei Filmen führte er Regie, schrieb das Drehbuch mit und produzierte den Film.

76. Italien. Auf Rang 2 folgt Frankreich mit 12 Siegen, Platz 3 teilen sich Spanien und Japan mit jeweils vier prämierten Titeln, vorausgesetzt, man zählt die zunächst mit einen Ehren-Oscar ausgezeichneten Filme aus den Vierziger- und Fünfzigerjahren dazu.

77. Bayern. Insgesamt 2028 Folgen der pseudo-doku-
    mentarischen Gerichtsshow »Richter Alexander
    Hold« wurden in zwölf Staffeln gedreht.
78. Bollywood. Bollywood ist der umgangssprachliche
    Begriff für die Hindi-Filme, die in der in Mumbai
    ansässigen Filmindustrie entstehen. Es gibt zahl-
    reiche ebenfalls an Hollywood erinnernde Namen
    von lokalen und nationalen Filmindustrien, bei-
    spielsweise Nollywood, das Filme aus Nigeria be-
    zeichnet, einer der produktivsten Filmindustrien
    der Welt, und Lollywood für Filme aus der pa-
    kistanischen Metropole Lahore.
79. Andrea Berg. An der Produktion der Alben »See-
    lenbeben« und »Atlantis« waren sowohl Dieter
    Bohlen als auch DJ Bobo beteiligt.
80. Capital Bra. Zu den Nr. 1-Hits zählen »Benzema«,
    »Neymar«, »Roli Glitzer Glitzer«, »One Night
    Stand«, »110«, »Royal Rumble«, »Nicht verdient«
    und »Nummer 1«!
81. Nike. Ein weiteres bekanntes von Nike genutztes
    Logo ist der Jumpman, mit dem man Produkte
    kennzeichnet, die im Zusammenhang mit Michael
    Jordan stehen, wie die Schuhmodelle Air Jordan.
    Auf dem Logo sieht man die Silhouette von Jor-
    dan, der hochspringt und zum Dunking ansetzt. Es
    wird geschätzt, dass der Ausnahme-Basketball-
    spieler dem Unternehmen einen Gesamtumsatz
    von mehreren Milliarden US-Dollar eingebracht
    hat.
82. Halley. Zuletzt kam der Halleysche Komet 1986 in

die Nähe der Erde, die nächste Wiederkehr wird für das Jahr 2061 erwartet. Kurioserweise entsprechen die Geburts- und Sterbedaten des Schriftstellers Mark Twain fast genau dem Auftreten des Kometen im November 1835 und im April 1910, ein Umstand, den der amerikanische Autor sogar vorhersagte.

83. Isaac Newton. Nach Newton ist die SI-Einheit der Kraft benannt. Als Abgesandter der Universität Cambridge saß er auch für ein Jahr im englischen Parlament. Allerdings sagte er der Legende nach dort nur einen Satz, die Bitte, dass jemand das Fenster schließen möge.

84. Philipp Lahm. Lahm ist Chef des Organisationskomitees der Heim-EM 2024. Bei der WM 2010 in Südafrika war er der jüngste WM-Kapitän einer deutschen Herrenauswahl aller Zeiten.

85. Bern. Die weltweit einzige Toblerone-Fabrik befindet sich in Bern. Außer im Wappen von Bern und Berlin befindet sich ein Bär auch im Wappen der spanischen Hauptstadt Madrid. Hier reckt sich der Bär gegen einen Erdbeerbaum.

86. Tabasco. Der flächenmäßig größte Bundesstaat Mexikos teilt sich den Namen mit der kleinsten Hunderasse der Welt: Chihuahua.

87. Eintracht Braunschweig. Das zur Produktion des Kräuterlikörs notwendige Gemisch aus 56 Kräutern wird nur im heimischen Stammwerk in Wolfenbüttel hergestellt. In den Dreißiger- und Vierzigerjahren wurde dieser gelegentlich auch

Göring-Schnaps genannt, da der nationalsozialistische Kriegsverbrecher auch das Amt des Reichsjägermeisters besetzte.

88. Pjotr Iljitsch Tschaikowsky. Der vielseitige Komponist verfasste zudem drei der beliebtesten Ballette der Musikgeschichte: »Schwanensee«, »Dornröschen« und »Der Nussknacker«. In seiner »Ouvertüre 1812«, die den Sieg Russlands über Napoleon feiern soll, stehen neben Kirchenglocken auch Kanonen in der Besetzung.

89. Hawaiianisch. Der deutsche Naturforscher und Dichter Adelbert von Chamisso veröffentlichte in seinem Bericht »Über die Hawaiische Sprache« im Januar 1837 die erste Grammatik des Hawaiischen.

90. Elon Musk. Zu den vielen Unternehmen des Tausendsassas zählt auch The Boring Company, ein Tunnelbau- und Infrastrukturunternehmen, das das Hochgeschwindigkeitsverkehrssystem Hyperloop bauen soll. Mit der jungen Sängerin Grimes zeugte er einen Sohn, den sie *X AE A-XII* tauften, nachdem der Bundesstaat Kalifornien die ursprüngliche Version *X Æ A-12* untersagte.

91. Penis. Penisknochen sind unter Säugetieren und auch bei Primaten weit verbreitet, sie finden sich bei Gorillas, Schimpansen, Bären, Hunden, Robben sowie vielen Nagetieren und Fledertieren.

92. Jesus Christus. Es ist das wohl einzige der wenigen Gemälde aus der Hand Leonardo da Vincis, das im Privatbesitz ist. Wo es sich jetzt befindet, ist unbekannt. Es wird jedoch vermutet, dass es entweder

in der Schweiz gelagert wird oder sich auf einer Luxusyacht von Mohammed bin Salman befindet. Ursprünglich sollte es im Louvre Abu Dhabi ausgestellt werden.

93. George Lazenby. Der Bond-Produzent Albert R. Broccoli traf auf George Lazenby beim Friseur und entschied sich, ihn zu casten, obwohl dieser bisher nur ein paar Werbefilme gedreht hatte. Dann wählte er den jungen Australier auch noch als Nachfolger von Sean Connery aus. Nach seinem ersten Auftritt in der Rolle des britischen Geheimdienstagenten beschloss Lazenby jedoch, keinen weiteren Bond-Film zu drehen.

94. Instagram. Weitere Unternehmen und Marken, die über 50 Millionen Abonnenten als Werbebasis auf Instagram haben, sind: Nike (116 Millionen), Real Madrid (88), FC Barcelona (87), Victoria's Secret (68), die UEFA Champions League (60), die NASA (59) und die Online-Plattform 9GAG (53).

95. Justin Bieber. Im September 2018 heiratete Bieber das US-amerikanische Model Hailey Baldwin, die Tochter des Schauspielers Stephen Baldwin.

96. »Die Höhle der Löwen«. Die Sendung basiert auf dem britischen Format »Dragons' Den«. Zu den Löwen zählen der Finanzunternehmer Carsten Maschmeyer, die Politikerin und ehemalige Miss Germany Dagmar Wöhrl sowie der Medienmanager und Geschäftspartner von Judith Williams, Georg Kofler.

97. »Käpt'n Blaubär«. Mit der Ratte Hein Blöd und

seinen Enkelkindern, den Buntbären Gelb, Grün und Rosa, wohnt er auf dem gestrandeten Fischkutter Elvira, in der Nähe des fiktiven Ortes Rumsrüttelkoog.

98. »The Voice (of Germany)«. Es gibt zudem zwei Ableger: The Voice Kids für Kinder zwischen 8 und 16 Jahren sowie The Voice Senior für Kandidat*innen ab sechzig. Mark Forster war mit bisher neun Staffeln als Coach am häufigsten im Einsatz und zusammen mit dem Duo Alec Völkel und Sascha Vollmer von der Band The BossHoss auch der Einzige, der an allen drei Formaten beteiligt war.

99. *Köln.* Der Name bezieht sich auf die Postleitzahl 50667 der Kölner Altstadt. Eine klare Reminiszenz an die populäre US-TV-Serie »Beverly Hills, 90210«.

100. Friedrich Ebert. Friedrich Ebert Jr. war von 1948 bis 1967 Oberbürgermeister von Ostberlin. Auf ihn folgten Herbert Fechner (1967–1974) und Erhard Krack (1974–1990).

101. Richard Dawkins. Dawkins ist bekennender Atheist und schrieb zahlreiche populärwissenschaftliche Bestseller, u.a. »Gipfel des Unwahrscheinlichen« (1996), »Der Gotteswahn« (2006) und »Die Schöpfungslüge« (2009).

102. Atomic Kitten. Aktuell besteht die Gruppe allerdings nur aus Liz McClarnon (Gründungsmitglied) und Natasha Hamilton. Das letzte Album ist 2003 erschienen. Gründungsmitglied Heidi Range war zehn Jahre Teil der Sugababes.

103. Conchita Wurst (Tom Neuwirth). Im April 2018 gab Thomas Neuwirth öffentlich bekannt, dass er seit geraumer Zeit HIV-positiv sei. Seit März 2019 tritt Tom Neuwirth als zwei getrennte Kunstfiguren, Conchita und WURST, auf.

104. Galileo. Den gleichen Namen trug eine Raumsonde der NASA, die 1989 gestartet ist, um den Jupiter und seine Monde zu untersuchen. Passender Name, denn Galileo Galilei war der Erste, der diese beschrieb. Daher heißen die vier größten Satelliten des größten Planeten des Sonnensystems (Io, Europa, Ganymed und Kallisto) auch Galileische Monde.

105. Bundestagspräsident. Von den bisherigen 13 Bundestagspräsident*innen gehörten nur drei nicht zur CDU: Wolfgang Thierse und Annemarie Renger, die erste Frau im Amt, gehörten der SPD an, und Richard Stücklen war Mitglied der CSU. Karl Carstens war der einzige Bundestagspräsident, der Bundespräsident wurde, und Eugen Gerstenmaier amtierte als Bundestagspräsident mit über 14 Jahren am längsten.

106. Russisch. VK steht für В Контакте, also *v kontakte*, was so viel wie »in Kontakt/Verbindung« bedeutet. Sie ist eine der zwei am häufigsten aufgerufenen Webseiten Russlands. Um die 100 Millionen Menschen nutzen die Seite regelmäßig.

107. Vietnam. Im Westen wurde der Begriff auch durch die Tet-Offensive bekannt, ein Überraschungsangriff am vietnamesischen Neujahrstag im Jahre

1968, der in eine Reihe von militärischen Operationen der nordvietnamesischen Armee und des Vietcong mündete.

108. Dolby Surround. Im Kino wurde das technisch verwandte Dolby Stereo genutzt. Der erste mit dem Standard veröffentlichte Film war 1976 »A Star Is Born« mit Barbra Streisand und Kris Kristofferson in der Hauptrolle. 2018 wurde die Geschichte als Neuverfilmung mit Bradley Cooper und Lady Gaga in die Kinos gebracht.

109. Wacken. Bei der Auflage im Jahre 2019 traten fast 200 verschiedene Bands an den drei Tagen beim Wacken Open Air auf, darunter Uriah Heep, Anthrax, Die Kassierer, Extrabreit und Queensrÿche.

110. Friedrich Schiller. »Wallensteins Tod« ist der letzte Teil der Dramentrilogie um den Heeresführer, zu denen noch »Wallensteins Lager« und »Die Piccolomini« zählen.

111. Quark. Zusammen mit den Leptonen und den Eichbosonen zählen sie im Standardmodell zu den fundamentalen Grundbausteinen, aus denen alle Materie aufgebaut ist. Ein Proton besteht aus drei Quarks. Insgesamt unterscheidet man sechs verschiedene Quark-Flavours bzw. Arten von Quarks: Up, Down, Top, Bottom, Strange und Charm.

112. Curd Jürgens. In dem Bond-Film »Der Spion, der mich liebte« spielte er den Bösewicht Karl Stromberg. Im Abspann wurde er jedoch *Curt Jürgens* geschrieben, da *Curd* im Englischen so viel bedeutet wie Quark.

113. Augustus. Der erste römische Kaiser wurde als Gaius Octavius in Rom geboren. Er bildete zusammen mit Marcus Antonius und Marcus Aemilius Lepidus das zweite Triumvirat.

114. Heisenberg. Dem deutschen Physiker Werner Heisenberg gelang 1925 die erste mathematische Formulierung der Quantenmechanik. Zwei Jahre später formulierte er den heute als »Heisenbergsche Unschärferelation« bekannten Grundsatz, dass gewisse Messgrößen eines Teilchens, beispielsweise der Ort und dessen Impuls, nicht gleichzeitig beliebig genau zu bestimmen sind. Für diese Erkenntnis wurde er 1932 mit dem Nobelpreis für Physik ausgezeichnet.

115. Ben Affleck. Als Co-Produzent des Thrillers »Argo«, in dem er auch die Hauptrolle des Geheimdienstagenten Tony Mendez spielte, gewann er 2013 seinen zweiten Oscar.

116. Kim Jong-un. Laut dem südkoreanischen Nachrichtendienst hat Kim Jong-un innerhalb seiner ersten fünf Regierungsjahre knapp 40 Kilogramm zugenommen.

117. Thomanerchor. Der Thomanerchor wurde 1212 gegründet und ist der älteste Chor Deutschlands nach dem Aachener Domchor, den Regensburger Domspatzen und dem Stadtsingechor zu Halle. Bekanntester Thomaskantor, also Leiter des Chors und Kantor der Thomaskirche, war Johann Sebastian Bach.

118. Albrecht. Albrecht ist der 63.-häufigste Nachname

in Deutschland. Zu den bekanntesten Vertretern zählen Karl und Theo Albrecht, die Gründer des Discounters Aldi. Ein Albrecht Albrecht ist mir nicht bekannt, allerdings gibt es das Adelsgeschlecht Reichsritter Albrecht von Albrechtsburg.

119. Vietnam. Die Nguyễn-Dynastie war die letzte vietnamesische Kaiserdynastie, deren Herrschaft 1802 begann und zumindest nominell bis 1945 bestand, wenngleich ab Ende des 19. Jahrhunderts das Land von Frankreich kolonialisiert wurde. Bekannte deutsche Namensträger sind der Kunstturner Marcel Nguyen und die Wissenschaftsjournalistin Mai Thi Nguyen-Kim.